养育男孩(插图版)

———— 朱莉娅 编著 ————

扫码点目录听本书

图书在版编目（CIP）数据

养育男孩：插图版／朱莉娅编著． -- 成都：成都地图出版社有限公司，2020.4（2023.10 重印）

ISBN 978-7-5557-1453-8

Ⅰ．①养… Ⅱ．①朱… Ⅲ．①男性－家庭教育 Ⅳ．①G78

中国版本图书馆 CIP 数据核字（2020）第 048679 号

养育男孩（插图版）
YANGYU NANHAI（CHATU BAN）

编　　著：朱莉娅
责任编辑：魏玲玲
封面设计：松　雪
出版发行：成都地图出版社有限公司
地　　址：成都市龙泉驿区建设路 2 号
邮政编码：610100
电　　话：028-84884648　028-84884826（营销部）
传　　真：028-84884820
印　　刷：三河市众誉天成印务有限公司
开　　本：880mm×1270mm　1/32
印　　张：6
字　　数：136 千字
版　　次：2020 年 4 月第 1 版
印　　次：2023 年 10 月第 7 次印刷
定　　价：36.00 元
书　　号：ISBN 978-7-5557-1453-8

前　言

　　男孩养育的本质问题是在他成长的过程中，家庭尤其是父母能不能给予男孩成长所需要的环境和教育，以及足够的关注与指导。父母应该对男孩多一些理解和陪伴，多一些耐心和帮助。善待男孩，理解男孩，这是最好的教养之道。

　　男人在乎尊重，男孩就是个幼小版男人，所以男孩需要被尊重，被尊重是男性内在最真切的需求。养育男孩，就应该从尊重开始。千万不要觉得你家的小宝贝还只是个孩子就可以放任不管或者管得死死的，什么也不敢让他做，也不会让孩子去冒任何险。可就是这个男孩，终有一天会成长为一位兼具责任感和成熟魅力的顶天立地的男子汉。这一快速而巨大的变化，正发生在你与之共同生活的十几年间。男孩身上与生俱来的男性气质，是家长一定不能忽略的。

　　如何培养出一名有责任有担当、具备独立思考能力、有领导力的男孩子？这是每个家有男孩的家长都在思考的问题。本书有理论，有方法，简单、直接、易于阅读，它教你在养育男孩时如何做一个好母亲，如何做一个好父亲，如何在教育孩子中扮演更好的角色。让男孩理解生命的意义，发现自己内心的品质，从父母那里获得成长启示。

卓越源自活跃的思维，自律是成长进步的阶梯；好习惯造就好结果，好性格带来好命运；责任心成就男孩的一生，独立思考让男孩蜕变为男人；学习让男孩拥有持续的竞争力，包容让男孩更好地融入集体和社会。 本书从提升男孩的自信心、忍耐力、勇气和责任感出发，以如何培养出一个强大温暖、全面发展的阳光男孩为目标，让父母知道在养育男孩时如何更好地去爱，如何去更好地放手。 让我们带着美好的愿景一起走进男孩的心灵世界，运用这些成功秘诀和黄金法则，激发孩子无限的成功潜能，把一个男孩培养成为一个男子汉，从而改变男孩一生的命运。

每个男孩子心里都住着一名男子汉，我们要做的就是帮助他成为他心中那个顶天立地的男子汉！

2020 年 2 月

扫码点目录听本书

目　录

第一章

好男孩应具备的品格

谦虚好学是孩子获得动力的源泉

陈毅元帅曾在《七古·手莫伸》一诗中写道：九牛一毫莫自夸，骄傲自满必翻车。历览古今多少事，成由谦逊败由奢。

这首深含哲理的诗告诉我们，谦虚和骄傲会造成两种完全不同的结果。

晓东是一个十分聪明的孩子，成绩优异，自上学以来，成绩在班级里一直名列前茅，老师喜爱，父母满意，邻居羡慕。但是，晓东慢慢地产生了骄傲情绪，他开始骄傲起来，经常嘲笑班级的其他同学。一次他放学回来，居然对妈妈说出了这种话："今天，我们班的小胖同学竟然不听我的话，有时居然还和我顶嘴，他成绩可不好了，有什么本事批评我？改天我跟老师说，让他别再来学校了。"

这话吓了妈妈一跳，她不能理解，自己的儿子怎么会说出这样的话。现在的家庭教育，容易使那些平时学习成绩优秀，经常受到家长和老师表扬的学生滋长自满情绪。因为自己比别人优秀，他们总是能随便指出别人身上的毛病，而看不到自身存在的缺点。他们听不进别人的善意批评，总是活在自欺欺人的优越感里，就好比例子中的晓东。

这样的男孩，家长切不可再放纵其发展，一定要把孩子的骄傲情绪扼杀在萌芽之中。那些盲目的自信者就是井底之蛙，他们自以为是、目中无人，严重阻碍自己继续前进的道路。

家长要告诫孩子的是：任何成绩都只是暂时性的、短暂的，它们只是代表一个起点。在学习方面，知识是广阔无边的海洋，如果一时一事领先就不知所以，恰恰是自己眼界不宽、知识不够的表现。"满招损，谦受益"，家长应该有意识地将那些成功者的经典故事告诉男孩，告诉他们凡是古今中外有所作为的人，都是在取得成绩后依然能够保持谦虚奋进的人。

方法一：让男孩谦虚好学，一定要培养孩子心平气和的心态

平心静气对渴望知识、富有智慧的人来说是非常关键的。就像古语有云："定能生慧，静纳百川""静如处子，动如脱兔"。

男孩在很多人心中是一只"顽皮猴子"的形象，这是男孩本身固有的特质，但是这个只是适合用于玩耍时的男孩身上。学习时，不能放任男孩爱吵爱闹，如果男孩在学习中也一样顽皮的话，表明他的心门是闭塞的。他的耳朵只听得见自己，只看得见自我，我们想象一下，这样的男孩怎么可能从生活、书本里面学到知识呢？

生活中，自己家里的孩子喜欢吵闹，甚至没有一会儿安静，家长也许会以为男孩的淘气是正常表现。但这种闹和学习时喜欢吵闹的概念是不一样的。

改变男孩爱吵闹的行为是家长的首要任务。首先，家长要保证自己不发出噪音，用自己的安静来潜移默化地引导孩子。同男孩说话的时候，尽量声音柔和，而且平时在家陪伴孩子时，需要对孩子进行适当的谈话教育，久而久之，男孩会从吵闹中变得安静。

方法二：激发男孩的学习兴趣

学习兴趣是成绩优异的前提条件，尤其是对成长中的男孩来说，他们年龄小、缺乏自控能力，学习的时候总是会有很大的依赖性，很容易受到外界打扰。只有当孩子有了浓烈的学习兴趣后，才会主动地去学习，持之以恒地学习，学习成绩才会有所提高。

小志刚满4岁时，他的妈妈每天都会给他布置很多作业，比如，抄写汉字、加减法等。妈妈一直以为这种方法能让孩子早开发智力，但时间一长，很多问题就暴露出来了。

有时到了吃饭的时间，小志还在桌子上写作业，妈妈便会催促他："赶快写啊，不就这么几道题吗？你就不能快点？"

这天，小志的妈妈发现小志做作业时不经思考，拿起笔就在答题纸上唰唰唰地写了答案，之后，便把纸推到一边："好了，我要去吃饭了，全都写完了。"小志的妈妈一检查，结果没有一道题是对的。

对于如何教育孩子这个问题，小志爸爸说："小志刚刚 4 岁，很多东西都是才学的，一定要给他时间去消化，让他思考，可是你却想要他快，他为了速度便会乱做一气，要是因此让孩子养成不好的学习习惯怎么办？我们的目的是要让孩子的早教有不错的效果，如果让孩子养成坏习惯还不如不教呢！"

下面就是小志父亲做的：

小志爸爸从游戏入手，准备了很多小作业，他总是与儿子抢着做题，比赛谁做得快，做得对，谁就去当老师；谁错误率高，做得慢，谁就来当学生。学生必须听老师的要求。刚一开始，小志爸爸还会故意让着他，但后来，儿子不需要爸爸让着也能胜任老师的角色了。渐渐地，小志变了，不仅做题特别快，而且正确率极高。一个月后，儿子对作业着了迷，一天不写作业，就仿佛缺点什么似的。慢慢地，小志便养成了爱学习的好习惯。

研究表明：对学习十分有兴趣并且自觉性强的人，大多数都会认真听讲，并且很喜欢提问题，认真完成作业。而那些对学习没有热情、不用心的学生，有困难时就会产生消极的情绪，从而把作业当作一种负担。

节俭让男孩感受得来不易

　　勤俭是中国人的传统美德，正如一句古话："一粥一饭，当思来之不易；半丝半缕，恒念物力维艰。"

　　随着人们生活水平的提高，家长都会尽量满足孩子的需求，比如给他们购买价格不菲的高档文具、给他们零花钱。出于对子女的关爱，即便是条件一般的家庭，也希望自己省吃俭用，尽可能地满足孩子的条件，提高孩子的生活质量。在家长的影响下，男孩养成了这种观念：他们顺理成章地认为自己拥有的这一切都是应该的，从而养成了好吃懒做、浪费粮食、花钱如流水等许许多多铺张浪费的行为，节俭反倒成了小气、贫困的代名词。

　　"对于那些花钱如流水的孩子，这些坏习惯都是家长惯出来的。这样，肯定会让孩子产生一种依赖心理，把男孩看成'小皇帝'，从小宠着、惯着，孩子要什么就买什么，这都会关系到孩子将来的命运的。"中国的一位儿童教育专家这样说。

　　家长是孩子的一面明镜，也是孩子的首位老师。在日常生活中，很多孩子会在生活用品上进行攀比，平时在外面也总是铺张浪费，为了摆阔气乱点菜，剩下的菜吃不完也不将其打包。这些都是家长对孩子影响的一种表现。如果家长在平时的生活里不改掉浪费的习惯，想让孩子自己勤俭节约是不可能的。所以，家长要以身作则。

同时，男孩的心智还不成熟，并没有固定的人生观、价值观，很容易受到外界的干扰。孩子奢侈的行为多数是被家长的行为影响的，男孩总是会产生这样的价值观：谁花的钱多谁就会有威信。这容易引导孩子走上歪路。很多家长反对孩子铺张浪费，经常批评孩子，但总是解决不了问题，这是由于没有从根本上解决孩子不良的生活习惯，很难让孩子能够有所改变。有什么样的家长，便有什么样的孩子。孩子爱学习也是因为有爱学习的家长；孩子爱劳动也是因为有爱劳动的家长；孩子乐于助人也是因为有助人为乐的家长。其实，让孩子养成节俭的习惯并不是一件难事，主要是看父母如何教育，而家长自身也是一种最好的教育。

分析诸多原因，必须从他们的内心深处入手，家长要以身作则树立节俭的榜样，改变孩子不好的习惯，让孩子从细节做起，让孩子节约的观念能够根深蒂固，最终形成一种自觉的行为。

方法一：父母要以身作则

俗语说："子不教，父之过。"家长要担当培养男孩节俭的第一重任。不管是条件优越还是困难的家庭，家长都应该给他们树立榜样，坚持做到艰苦朴素。

培养孩子的节俭品质是"穷"养男孩的核心内容。无论孩子在将来的工作中，还是在生活中，都需要自己一个人独自面对，想要生活富足，节俭是必不可少的。很多肆意挥霍金钱的富人，很快便落得倾家荡产、入不敷出的地步，那些懂得节约的富足的人总是规划着自己的需求，一直保持节约的好习惯。因此，培养孩子好的品质家长应该以身作则。

方法二：父母要从零花钱方面入手

即便过着富裕的生活，在欧洲以及美国的父母有着截然不同的方法。他们很少会给孩子零花钱，因此，孩子会通过收集饮料瓶，在校园里捡垃圾来换零花钱，或者是修剪草坪、给其他人送报纸等兼职来获取自己的零花钱。他们也会为自己能赚钱而感到自豪。国外的家长就是这样培养孩子勤俭节约、自力更生的优良品质的。

教育并没有国界之分，其目的都是为了更好地教育孩子，家长不要为男孩赚钱的方式而感到羞愧，一定不要对孩子太心软。如今的家长靠给孩子零花钱来表现所谓的面子，这不仅使孩子长大后没有成就，反而更感羞愧。在培养一个成功的男孩与面子的问题之间，父母应该摒弃不重要的面子，而重视培养一个节俭的男孩。

方法三：在日常生活中开始培养

父母应该让孩子力所能及地帮助自己做些事情。例如：不要扔掉没有写完的作业本和纸张，可以留作草稿纸或他用，养成双面用纸的好习惯；不随意浪费粮食；在生活中也要注意节约用电，充分地利用自然光，随手关灯，人走灯灭；用水时水龙头不要开得太大，用完后要关紧水龙头。家长也一定要以身作则，要让孩子在不知不觉中养成节俭的好习惯。

孝顺是男孩做人的根本

孩子有孝心，受益的便是父母。父母在培养男孩的学习、处事和理财等各种能力时，也不要忘记培养男孩做人的本领。

教育最重要的是教会男孩应该如何做人，做什么样的人。一定要做一个孝敬父母的人，一个诚实、自爱自强的人。我国历史上最著名的思想家、教育家孔子曾经说过："孝悌者，为人之本也。"孝为"百德之首，百善之先"。百善孝为先，孝顺是做人的根本。但是现实生活中，孩子一旦生病，家长便忙里忙外，百般关照，而父母身体不适，孩子却很少问候。由于长辈的溺爱，饭来张口的男孩已经是家里的"皇帝"了。长辈们在忙着收拾碗筷时，孩子扭头便去看电视了；当家里有好吃的时候，父母总是让孩子先品尝。这些事值得所有父母深思。

中华民族的传统美德便是孝敬父母，孝也是所有品德的前提。如果一个人不爱自己的父母，又如何能做一个健全的人呢？

方法一：父母要树立榜样

曾经有很多人被这个广告感动：

一位妈妈从单位回来，忙完了家务后，又给老人端洗脚水，老人对她说："你也快歇会吧！自己的身体要紧啊。"她没有一丝埋怨地说："妈，不累。"这个举动被她的儿子看见了，儿子也为妈妈端来了洗脚水。儿子吃力地端着一盆洗脚水，走到了家长的面前。盆里面的水溅了出来，男孩却笑得一脸灿烂。他把水放在地上，开始为母亲洗脚。画面正好定格在这里，广告语是这样说的："父母，便是孩子的老师。"不错，孝心就是这样培养出来的，家长一定要树立好的榜样。现实中，总是会看到为人父母的帮着自己的孩子完成他们的事情，这无形之中给男孩树立了不好的榜样。因此，父母要以身作则，培养孩子的一颗孝心，这就需要年轻的父母学会孝敬老人，做到"身教重于言教"。

方法二：从生活中一点一滴的小事入手

父母从生活的小事入手，才能让孩子养成孝敬父母的好习惯。

阳阳的姥姥姥爷最近来阳阳家小住，他的父母非常高兴，特别是阳阳的父亲，把两位老人照顾得很周到。

有一回，爸爸见阳阳在沙发上久坐未起，便过来对阳阳说："阳阳，姥姥眼睛看不清楚了，你快去帮忙削个水果。"

阳阳听了爸爸的话，便走过去削水果，削完后便给姥姥递上了水果。

就在这时候，爸爸说："阳阳真孝顺，怪不得姥姥这么喜爱你。"

在培养男孩孝心的过程中，假如孩子做得不够好，千万不要过分指责，而当孩子做得很好的时候，一定要多激励孩子。当"父母养育了我，我应当为他们多做事"的观念逐渐形成时，孩子便会有这种使命感。他们平时只是无条件地接受爱，而不知道付出爱，不知道关心父母。孩子只有在亲身经历之后才能体会到这种艰辛，体会到为别人付出后带来的快乐。常言道：3岁看小，7岁看老。家长不要以为孩子还小，不需要学习，因而形成一种孩子什么也不用做的观念。父母不要用学习成绩作为评价孩子的唯一标准，好孩子有多方面的标准，对父母有孝心也很重要。

方法三：父母应该制订良好的家规，父母和孩子都必须遵守

家庭中，父母一定要制订相应的规则，作为男孩行为的指标。例如，不冲撞父母，在发生分歧的时候一定要和平解决问题，定期为父母做些家务活，父母也要给男孩必要的指导。

爱心让男孩更具责任感

有这样一位家长，说出了自己的心声：

几年之前，我们结了婚，并且有了一个儿子。妻子在一家国企上班，家庭也很美满。我们把所有的爱都给了孩子，但是现在孩子却很自私：衣来伸手饭来张口，对我们却从不关心，我们生病也从来不过问，好饭菜要自己先吃，从不给别人吃，连他自己的衣服也是要别人替他穿。我真的很不理解，我的儿子为什么会这样呢？

正如一位儿童教育家所说："只知索取，不知付出；只知爱己，不知爱人，这是独生子女的通病。"而爱心是一个人人格的体现，是十分崇高并且伟大的。育人，便是给他一颗会爱的心。

为了不让孩子的爱心枯竭，做父母的不仅仅要爱孩子，更重要的是教会孩子怎样去爱。"自私自利""自我为中心"是爱心的大敌，这并不是孩子与生俱来的弊病，也不是孩子的天性，它源于父母的溺爱。假如家长只是一味地溺爱孩子，那么，孩子便不会奉献自己的爱心。只管耕耘，不问收获，这种父母之爱，就很容易使孩子缺乏爱心。

生活中，很多家长都对孩子百分之百地付出，但养育出的孩子却自私自利、不懂得关心父母、爱护他人。这很大一部分的原因都是由于家长不注意教育方式、过分溺爱孩子等导致的，从而把孩子的爱心隐藏了起来。古人说："人之初，性本善。"那么，如何在生活中培养孩子的爱心呢？

方法一：家长一定要为孩子树立榜样

有爱心的父母才能培养出有爱心的孩子。孩子是父母的影子，父母是孩子的一面镜子。所以，父母平时就要注意自己的言行举止，比如，孝敬老人、关爱周围的人等，让孩子觉得父母是有爱心的人，并且也要向其他人学习。

方法二：爱心培养，从娃娃抓起

在婴儿时期，父母要经常与孩子交流，让孩子感受到父母对他的爱，这是孩子萌生爱心的起点。婴幼儿期是人的各种心理品质形成的关键时期。随着孩子一天天长大，父母要把他当作一个与自己处于同等位置上的人看待，所以培养孩子的爱心，一定要从小抓起。陪同孩子聊天、游戏，让孩子体会到家庭带来的温暖，这便为培养孩子的爱心打下了基础。

方法三：言传身教，教孩子学会关爱他人

一位孩子的妈妈是这样培养男孩爱心的：

有一次，孩子的姑姑出了车祸，伤到了腰部，我带

着孩子去看他的姑姑。在去医院的路上，我对儿子说：
"你觉得你生病的时候痛吗？"他点点头。我继续说："姑姑现在比你生病的时候痛上 1000 倍，所以你一定要安慰姑姑，要体谅姑姑，懂了吗？"儿子明白了。看到姑姑的时候，我说："快，去亲亲姑姑。"儿子点点头，立刻跑到姑姑面前，问姑姑是否疼痛，姑姑回答痛。他就像一个男子汉一样对姑姑说："姑姑不怕，很快就不会痛了。"姑姑便露出了会心的微笑。

像这位母亲一样，让孩子根据自己的疼痛程度去体会别人的痛苦，从而为他人提供力所能及的物质或精神上的帮助。

方法四：父母要保护好孩子的爱心

事实上，在很多情况下，家长并不知道自己一些错误行为的严重性。例如，小男孩为下班的妈妈倒了杯茶，妈妈心急地说："去去去，快点做作业去，不用你。"这时候，母亲因为孩子学习忙，对孩子的爱心行为漠不关心，甚至训斥一番，把孩子的爱心扼杀在萌芽之中。再如，男孩要为地上一只受伤的小鸡包扎，妈妈却生气地说："别摸它，多脏啊！"如果家长能从小事中培养孩子的爱心，多关注孩子，那么，伴随着孩子的成长不断扩展的就是那仁慈博大的爱心。

父母首先要做一个爱的使者，把爱潜移默化地传给孩子。其实爱的培养途径有好多种，不要对爱不理不睬，一定要注重爱，一定要有一颗纯真的心。

懂得尊重别人的男孩才能赢得尊重

要想获得别人的尊重和信任，首先要做到尊重别人。

张良是汉初杰出谋士，他小时候是个品学兼优、诚实守信的好孩子。

一天，张良在散步的时候，一位白发苍苍、手持拐杖的老人，来到了张良的面前。他将脚上的破草鞋故意丢在了桥下面，并对张良说道："你快去帮我把鞋捡回来！"

张良不禁一愣，但是看在他年老的份上，便去桥下面捡回了鞋子递给他。

老人坐在那里，慢慢地伸出脚，并说道："来，帮我穿上。"

张良便跪在了地上，小心翼翼地把鞋穿在老人脚上。老人让张良为他把鞋穿上之后，便离开了。

张良很惊讶地看着老人的身影。但是老人走了几步便回过头来，同张良招招手，让他过去。张良乖乖地走上前去，老人温和地对他说："我看你挺不错的，确实值得教导。五天后，来这里与我碰面。"

张良回答说："好。"

五天后，天刚刚亮，张良便来到桥上，老人已经在这里等待着张良了。老人很生气地说："天都亮了，你怎能这么不守信用，和我相约还迟到，怎么一点规矩都不懂得，长大后还能有什么作为。五天后，鸡鸣了你便来见我吧。"话音一毕，老人就走了。

又经过五天，鸡刚叫，张良便去了，但是老人又比张良更早地出现在了那里。老人十分生气地说："我都听见鸡叫了三声了，你怎么才来，我已经等候你多时了，五天以后你再早一点儿来这里吧。"

又过了五天，张良在天还没亮的时候便开始等候老人。一会儿，老人来了，看到了张良，他高兴地说："要做成大事，就要遵守诺言，而且必须要守时。"语毕，老人掏出一本又薄又破的书，说："读了这本书，你便可以实现你的抱负了。十年过后天下将会大乱，你可用此书辅佐明主兴邦立国。"

天亮时，张良看到老人送给他的那本书是《太公兵法》。张良很喜爱这本书，于是他刻苦钻研，并且遵循老师的教诲努力要求自己，一定要当一个守信用、懂得尊重他人的人。获得这本书的张良，后来帮助刘邦统一了天下，成为历史上最有名的谋臣。

信守承诺，懂得尊重他人，这样别人才能尊重自己，进而成就一番事业。所以家长一定要把尊重别人的想法从小就灌输给孩子。在日常的生活中就要让孩子懂得尊重别人，只有尊重他人，才能赢得别人的尊重。

懂得尊重他人，不仅仅是待人接物的态度，也是一种十分高尚的品德，这也是男孩走向成功的关键。孟子说过："爱人者，人恒爱之；敬人者，人恒敬之。"一个人唯有懂得尊重其他人，才能够赢得别人的尊重。那么，如何培养孩子学会尊重他人呢？

方法一：父母要尊重男孩的人格

教育孩子，首先要尊重孩子。在与孩子交流时要平等，站在他们的角度上去理解他们的思想。一位教育家曾说："如果我们尊重孩子的人格，孩子同样会尊重我们。"想做到这些，父母一定要对男孩进行人性化的教育，从男孩易于接受的事实出发，让他明白什么是该做的，什么是不该做的。这种平等的关系会使男孩愿意同父母交流，并能听得进父母的说教，这是教育好男孩的重要一环。只有那些得到父母尊重的孩子，才会懂得如何去尊重别人、爱别人。因此，家长请不要忽视孩子的"平等观"，一定要让孩子感受到自己对他的尊重。家长应放下架子，蹲下身来与孩子交谈，不要给孩子高高在上的压迫感。孩子脑中尊重他人的意识也是在平常生活中得到训练和强化的。

方法二：在日常生活中教男孩学会尊重

比如，碰到熟人要打招呼；上学时主动向老师同学问好；家中来客人要热情迎送等；请别人帮助的话也要用礼貌用语，并且事后表示感谢。平时，家长要时不时地向孩子介绍自己的亲朋好友的详细情况，鼓励孩子学习他人的优点。 家长也要培养孩子谦虚谨慎的好品格，不骄傲自满，不用自己的长处去比较别人短处。 更重要的是在日常生活中教育孩子尊重他人，让孩子明白"金无足赤，人无完人"的道理，能够正确地看待别人的缺点，绝不拿他人的过失或不幸当作笑料。

让男孩学会独立思考

在复杂的社会中，每个人都要有独立思考的能力，唯有一个人具备了真正的思考能力后，才能够在社会上有所作为、独立生存。做人千万不要从众，一定要懂得判断是非。在孩子成长的过程中一定要培养他的独立思考能力。

一位教育学家曾经说过："学会独立思考是男孩最为重要的事情。"家长应培养孩子独立思考、自主学习的能力，让男孩能够正确地对待人生，避免受到污染与侵害，并增强孩子分析问题的能力，使孩子逐渐拥有独立的人格。

国外的教科书里面写着这样一段笑话：

在一所封闭式学校里，老师问各国的学生："有没有思考过世界上哪些国家粮食会紧缺啊？"孩子纷纷回答："没有。"非洲学生不懂什么是粮食；欧美国家的学生不懂什么是紧缺；中国的孩子不明白什么是思考。

各个国家的经济情况在这则小故事中得到了充分体现，但我们需要关注的是中国学生的答案。

在日常生活中，父母把孩子的事情都安排得妥妥当当，而孩子就没有什么需要自己去思考和解决的问题了。渐渐地，当孩子在碰到困难的时候，自己也就不会思考、不愿意思考了，他们总是期待父母的帮助。长此以往，孩子的思考能力便会逐步下降，更别说什么解决问题的能力了。

我们现在处在一个信息发达的时代。不断更新的知识和发达的科技水平对每一个人的思考能力都提出了一个新的挑战。一般情况下，思考能力越强的男孩，求知欲越旺盛，学习能力和创造能力也更强。这些能力，让他们始终能站在社会潮流前头。

如何培养孩子的思考能力呢？在孩子上了小学之后，思维便有了一定的发展，抽象的空间想象能力也会有进一步的发展，这个时期应加强对孩子的基本训练，不断提高孩子的思考能力和思维水平。

方法一：从小培养孩子的独立思考能力

齐悦同学的妈妈的方法值得我们学习：

孩子学字之初，妈妈就对孩子的独立思考能力进行着重训练，通过一些简单的诗歌对齐悦进行引导。妈妈先读一首诗，然后和孩子一起探讨，并让齐悦来描述对于这首诗歌的心情，然后引导齐悦不断想象其他的疑问。步入小学之后，齐悦的思考能力远远高于其他同学。进入高中之后，齐悦就以优异的成绩被重点班录取了。

一个良好的家庭环境，对于提升孩子的独立思考能力是有极大的帮助的，并且会让孩子终身受益。

方法二：提出问题让孩子去思考

现在的父母在节假日都会带着孩子去植物园、博物馆游玩，一方面是让孩子开阔视野、陶冶情操，另一方面便是通过提问的方法，进一步养成孩子独立思考问题的习惯。

例如在去历史博物馆的时候，问问孩子"假如恐龙复活了你会怎么办呢"，这样的提问会引发孩子的思考。除此之外，家也是孩子良好思维习惯形成的重要场地。一家人在一起吃饭的时候，可以聊聊当天发生的事情，大家各抒己见，促进孩子的思考。

方法三：让孩子听取不同意见

由于现在的家庭结构，孩子成为家里的核心，这会让孩子形成做事情以自我为中心的心理。在与他人交往过程中，孩子往往只强调自己的感受，而忽略其他人的想法和做法。因为听不进别人的意见，那些建设性的意见和建议就会被忽略掉。

方法四：让孩子对有质疑的事情大胆地提出疑问

智力教育的一种重要方法就是让孩子勇于提出自己的疑问。从小，父母就应加强对孩子的这种能力的培养，让孩子有想象的空间，尽可能地提问，因为求知欲越旺盛，获得的知识就越多。

方法五：要有自己分析问题的能力

在家里不管孩子遇到什么事情，都要让孩子独立思考。

当孩子犯了错误，也不要一味地训斥，应当让他了解自己到底是哪些地方做错了。 不管孩子做什么事情，家长都不应过多地限制。 如果孩子做错了、失败了，家长应该鼓励他并且让他找出失败的原因，激励孩子不要怕困难，要再接再厉，争取成功。

◇ 从小养成好品格 ◇

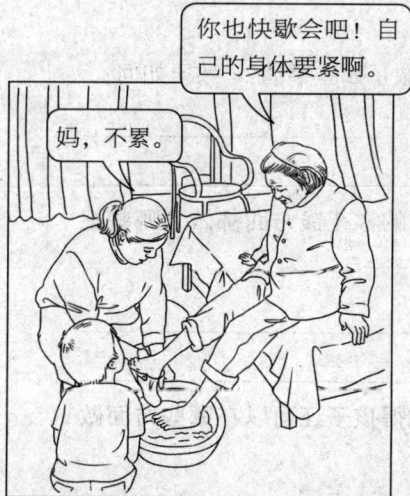

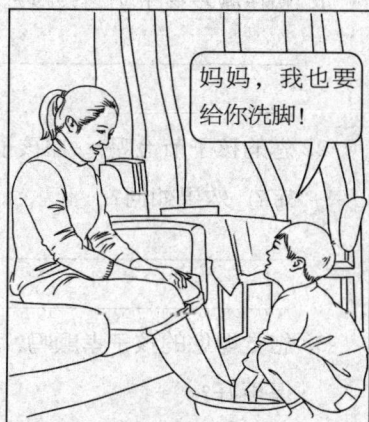

▲　父母是孩子最好的老师！

▲　孝顺是男孩做人的根本。

▲　从简单的挑战开始，激发孩子学习的兴趣

高情商家教思维

1. 您在激发孩子学习兴趣方面都做了哪些事情？ 效果如何？

   _____

2. 您的孩子节俭吗？ 在孩子日常的零花钱方面都做了哪些规定？ 效果如何？

   _____

3. 您觉得您的孩子孝顺吗？ 您觉得孩子还可以在哪些方面做得更好？

   _____

4. 您的孩子有爱心吗？ 比如，爱护小动物、关心帮助他人，您支持孩子这方面的行为吗？

   _____

5. 您觉得孩子在礼貌待人方面做得如何？ 学会尊重他人和尊重自己了吗？

   _____

6. 您对您的孩子品格方面有什么评价？ 哪些是有待提高的？您将采取什么样的措施？

   _____

   _____

第二章

解决男孩成长中易出现的一些问题

消除自卑，让男孩对未来充满自信

许多男孩在成长的过程中，当遭受到失败时，面对周围不友善的环境会变得恐惧，并以自己不是个聪明的人充当借口，开始逃避，用这种行为表示自己并没有能力来解决这些问题。

儿子成绩比较差，考试成绩总是排在班级里的倒数，所以开家长会的时候我和孩子常受到老师的批评。但是儿子动手能力很强，特别喜欢研究家里的那些家用电器。有时候家里的电器坏了，儿子便可以对这些电器进行简单的维修。而我也总是以这个宽慰自己，儿子虽然学习差点，但是今后靠手艺吃饭也是没问题的。

但是近期我发现，儿子突然异常的自卑，也表现得十分害羞，连他最爱好的电器也不再喜欢钻研了。在我的反复追问下才知道，原来在学校里面，儿子由于学习不好，经常受到个别老师还有同学的冷落，他也对自己没有信心了，经常说自己一无是处，并且慢慢产生了厌学的情绪，有的时候竟然还逃课，我也很无助。

自卑最通常的一种表现便是沉默害羞，由于自身的某些缺陷，例如成绩差、外貌等原因，在一些社交场合里，遭受到周围人的嘲笑，而羞于与其他人交流，无论何时何地都处于一种很紧张的状态。如果不及时调整，势必会阻碍孩子的健康发展，为男孩留下不自信的心理阴影。例如，有一个男孩为了在父母面前表现自己，就偷偷地帮助家里刷碗，但是不小心却把碗全都打碎了，父母回来后十分生气地批评了他，以至于男孩不知道自己能干什么，不能干什么，最终产生了不自信的阴影。

　　那么，父母该怎么帮助孩子走出消极的心理误区呢？

方法一：帮助孩子正确地认识自己

　　每个人都需要对自己的素质有个明确的了解，这样才能在生活中得到想要的结果。千万不要因为自己的不足就厌恶自己。每个人都不能只看到自己不如别人的一面，总是觉得自己不好，而是要正确地认识自己、接纳自己。比如，有一些孩子觉得自己成绩不好、天资不够聪明，总是不愿意同他人交往。有一些孩子由于自己很胖，体重比同龄人要重很多，导致许多课外活动都不能参加，这样便会丧失自信，并且更加讨厌自己，进而在同他人交往的过程里感到害怕，不能主动交流。如果连自己都看不起自己，别人当然不会关注自己了，而这又会助长男孩的消极情绪，长此以往，便愈发增长了自己的自卑情绪。家长一定要多鼓励孩子，让他能够全面地认清自己的优缺点。

方法二：要让孩子学会正确与人比较

　　不自信的人，在同其他人比较的时候，总是不能够用正确的方法去看待问题，这样便会忽略自身的长处，只看到自己的缺点，甚至还将缺点放大，结果越来越糟。一些孩子就是因为这个不自信。

班里一共30多个孩子，不可能每个孩子都是最棒的，总有个先后。假如孩子学习不行，那么做父母的就不能拿这个与别人比较。

家长完全可以用自己孩子优秀的一面去和他人作比较，比如自己的孩子实际操作能力比较强，会修玩具车，会修电器，以这种方法激励孩子，告诫孩子，尽管他在成绩方面不如人，但是在别的方面却有优势。

方法三：要塑造孩子的个性

人际交往里有自卑心理的原因是看不清自己。心理学家认为：聪明的人具备以下这几种品德：第一，想要获得成功的毅力；第二，会为实现目标不断进取；第三，拥有自信。

一些优秀的名人事例告诉父母：他们的成就和他们的品性以及自信心密不可分。所以一定要让孩子明白：唯有拥有自信才能够做最好的自己，直面人生。专家给出了以下这些建议来帮助男孩克服自卑的心理。

（1）家长一定要深度挖掘孩子的长处，要以表扬为主，增强孩子的自信心。

（2）千万不要过分指责自己的孩子，丑化自己的孩子。"天生我材必有用"，也许自己的孩子在学习方面并不出众，但是没准他在体育方面很有天赋。

（3）别替孩子掌握他的人生，千万不要对自己的孩子说"你真把我的脸都丢尽了"这类话语。每个人都不是十全十美的，所有人都不想被别人看到自己不尽如人意的一面。每位家长都是一步一步从孩子长大的，应该多换位思考，多替孩子着想，别让消极情绪毁了孩子的一生。

（4）千万不要一味地用漂亮、聪慧、乖巧、学习成绩好等表扬的话来使孩子的自我表现欲望不断膨胀，而要尽可能具体地让孩子看到自己具有的独特优势，进而达到自我满足。

（5）帮助孩子树立自信心，使孩子抓住每一个获得成功的机会。累积的成功经验越多，孩子便拥有越多的自信心。

（6）要尽力使孩子明白，天上是不会掉下馅饼的，付出与收获成正比。

杜绝撒谎，使男孩变得诚实

事例一：

　　我儿子上幼儿园了，老师说他最近不敢勇于承认自己的错误，并且非常喜欢找借口。我不知道该怎样去教导他了。

事例二：

　　我的孩子上一年级了，他不爱讲实话，道理也给他讲了，也打过他骂过他，但是都无济于事，我该怎么办呢？

事例三：

　　我有一个上初一的孩子，最近他非常喜欢撒谎，每次考试后，我问他考试成绩时，他总是说考得不错，他总是对我们撒谎，让人头痛。

撒谎在每个男孩的成长过程中都会出现，为什么孩子那么爱说谎话呢？

儿童教育领域的专家认为：这种现象是孩子在某个年龄段心理成长和智力发育必然要出现的一种反应，这个时期也是孩子智力发育过程中容易偏出正轨的时期。由于孩子对于诚实和道德方面的理解还不够到位，有时难免会出现说谎的情况。男孩撒谎一般有以下几种类型：

（1）聊以自慰型：男孩通常有很强的好胜心，将自己的幻想和现实等同起来，用这种方法来弥补自己心里的遗憾，从而达到自我安慰的目的。

（2）想象型：男孩有很强的好奇心和以自我为中心的特点，头脑里有时会滋生一些幼稚和浪漫的想法。

（3）虚荣型：男孩为了吸引别人的注意和获得他人的尊重，通常会编些谎言来哗众取宠，从而来达到炫耀自己的目的。

（4）模仿型：有些孩子不能够理智地辨别是非，当他们发现父母或者长辈在生活中，因某种原因表现出不诚实行为时，孩子就会效仿。

（5）被迫型：当孩子犯了错误或者是做错了事，如果事后承认了错误，并且讲明了事实，反而遭到父母的打骂和训斥。当下次再遇到同样的情形时，因为害怕再次受到训斥，他们便会说谎，以此来作为逃避责骂的一种手段。

（6）侠义型：这种类型指的是稍微大一点的孩子在有的时候为避免同伴的错误行径被发现而说谎。

如果发现孩子撒谎，父母首先应该做的是了解男孩说谎的真正动机，不要马上当面戳穿，千万不要随便对孩子使用暴力以图解决问题。在儿童成长的过程中，特别是心理发育不是很健全的阶段，难免表现出一些与道德背道而驰的各种"过失"，连他们自己都不明白是怎么回事。这种现象很常见，但这种现象只是短暂性的。因此，父母必须要冷静和耐心对待，一定要关心爱护他们，把问题搞明白再下结论，让男孩增强自我辨别是非的能力。

同时，父母对男孩说谎的现象要重视起来，不要把孩子说谎当成一件小事来看待，要看到它的严重性。孩子在一些小事情上偶尔说谎话，如果父母一笑了之，这是在纵容孩子的不诚实的行为。当男孩说谎时父母要引起足够的重视，否则等男孩长大了，想改正的时候就会变得很困难。

那么，作为父母，当发现孩子有说谎的行为时，怎样的做法才是正确的呢？

方法一：根据男孩的成长阶段来解决问题

家长应该对孩子说谎的行为理性地进行分类，其实有些谎言是某个年龄段的正常现象，但是有些行为便是真正的说谎行为。只有根据不同的行为采取相应的引导和教育，才能够纠正孩子说谎的不良行为。

对待男孩撒谎的情况，父母在处理问题时要和风细雨地耐心引导，时时关注孩子的举动以及孩子说的话，一定要让孩子在觉得安全的情况下，勇敢地指出自己所犯的错误，从而培养孩子敢于承认错误的勇气。

对于年龄稍微大点的男生，如果发现他们的说谎行为，父母也要先搞清楚说谎的理由，再对他们进行针对性的说服教育。假如是由于犯了某种错误或因考试成绩不好，害怕受到惩罚而导致的说谎行为，父母应该积极地进行耐心的教育，告诉他纸是包不住火的，谎言总有一天被戳穿，作为一个有理想、有抱负的孩子，要勇于承认自己的错误，这样才能成为一个顶天立地的男子汉。

方法二：父母要树立榜样，营造良好的氛围

正所谓：近朱者赤，近墨者黑。 在所有孩子的眼里，父母是他们人生的第一位老师，家长的榜样作用，对孩子良好行为的形成有着潜移默化的影响。 "上梁不正下梁歪"，家长一定要以身作则，注意自己平时的行为举止，用积极向上的语言和行为为孩子树立起一个榜样。 只有家长心灵变得纯净，才有可能培养出一个心灵纯净的孩子。

同时，家长应该让孩子远离那些爱撒谎的孩子，如果男孩经常和这种孩子在一起的话，便会沾染上撒谎的恶习，因此要教导孩子选择"益友"。

方法三：教孩子明辨是非

好胜心和虚荣心每个人都会有，男孩也会这样，并且拥有更为强烈的好胜心。 但是，因为男孩不具备对道德进行评价的能力和与之相应的社会价值观，好胜心很容易转变为虚荣心，从而致使他们说谎。 因此，一定要培养孩子健康的竞争观念。

作为父母一定要通过自己身边的一些小事，为孩子分析道理并且为他们举一些相关的事例，从而引导孩子形成良好的社会价值观，使孩子知道如何判断哪些是对的，哪些又是错的；了解哪些是能做的，哪些是不能做的，知道做了错事就会对自己和他人产生非常不良的影响。 让男孩能够判断是非，做一个既诚实又有信誉的人。 如果他们不小心做错了事情，他们还应该明白诚实是一种好品德，能够知错就改就是好孩子。

坚强勇敢，改变男孩胆小的习惯

经常能听到许多父母这样对男孩说"不要随便乱跑，外面很不安全""千万不要去，那里会有妖怪来吃孩子"等话。这些家长经常用十分偏激的语言来吓唬孩子，他们本想用这种语言来劝说孩子听话，不要乱跑，没料到却造成了孩子性格上面的缺陷。

反之，还有一些家长，每当孩子表现出恐惧时，家长总是表现出过分的呵护，赶紧把受到惊吓的孩子搂在怀里来哄一哄，还把孩子平时喜欢的东西给他们，希望以此来消除孩子的恐惧心理。可是事实上这样做却不能达到预想的效果，只会使孩子变得胆小怕事、性格懦弱，还会造成孩子的恐惧心理。因为家长这样做只能短时间内使孩子远离恐惧，没有从根本上解决孩子的恐惧问题，一旦下次遇到同样的情形，孩子又会变得恐惧起来。

专家认为，当孩子表现出惧怕以后，采取回避的方式后又给予他更多的关爱，以及又给他买许多他爱吃的好东西，这种做法实际上是对他自设恐惧的纵容。当孩子尝到了恐惧后采取逃避态度的甜头，他的胆量也会因此变得更小。

可能一些父母认为每一个男孩在他们小的时候都会表现得十分胆小，没准男孩长大了自然而然地就改过来了，但是事实并不是像家长想的那样。

一个男孩从小胆子就小，久而久之就会十分害羞。当他身处一个陌生的环境中时，害羞胆小的人通常显得十分不自在，不能够和他人进行自然交流，同时也会使旁边的人感到不舒服。当和不熟识的同学相遇时，一般胆小的人都会表现为不好意思主动和他人打招呼，通常会被人误解为高傲，由此影响到正常的人际关系。

同样，在一项新任务的面前，胆小的人总是表现出退缩、缺乏自信、不敢承担责任的行为，进而逃避新的任务，因此很可能其发展机会就比其他人少很多。内向的人总是过于注重他人对自己的看法，或者是过于在意他人的话，别人的一句批评都会让他们一整天都不开心，因此影响了心情。

不管是在生活方面还是学习方面，这种人在追求的目标面前，总是缺乏主动、没有自信，最后与属于自己的成功和幸福失之交臂。

孩子未来生活中的一大障碍便是胆怯退缩，在成长、成功道路上会成为他们的阻碍，那么作为父母，应该怎样从小帮助男孩顺利成长，如何让男孩走向成功呢？

方法一：帮助男孩树立信心是帮助男孩克服胆小的重要因素

缺乏自信的男孩往往胆子也小，十分怀疑自己是否有能力独立完成一项工作，也许可能因为内心的紧张、拘谨，本应该做好的事反而办砸了。这些男孩，一般都有考试怯场的经历，本来不错的成绩，但当重大的考试来临时，大脑就会一片空白，以前会的题，现在也不会做了，这种表现就是缺乏自信。

所以，在日常生活中，父母要帮助胆小的男孩树立自信心，以此克服他们的胆小心理。父母可以多安排一些孩子力所能及的事，等他把事情做好后，再适度进行表扬，让孩子在成就感中渐渐具备自信。

方法二：引导畏惧的男孩做出明智的选择，带领他克服困难

胆小的男孩做事畏首畏尾，对事情充满好奇心却没有勇气。当遇到这种情况时，父母要及时鼓励和帮助男孩，使男孩变得勇敢。与此同时，当男孩在做一些冒险的活动时，家长千万不要表现得过于担惊受怕。当男孩在曾经摔倒的地方感到畏惧时，父母一定要告诫男孩，跌倒了就要从原地爬起来，这样做才能成为真正的男子汉。

方法三：扩大孩子的交友圈，鼓励他积极主动和他人交往

男孩的交际圈子过于狭窄，会让男孩的性格变得更加内向胆小，不能和其他男孩交流，最终导致周围没有朋友。

这时，作为家长一定要激励男孩和其他小朋友交往。当男孩有了自信，便会体会到自己是可爱的、是被大家所接受的，于是他就会变得很自信。

改正男孩贪玩的坏习惯

事例一：

我有个上小学三年级的儿子，他似乎还不能把学习放到重要的位置上，每天放学回家后，他匆匆忙忙地把作业完成，就跑出去玩了。学习成绩位居中游，自己却非常自信，不当回事，每次都说下次会取得好成绩的。但是到了下次考试，成绩依然同前几次一样，我真不知道该怎么办了。

事例二：

我有一个今年就要上初一的儿子，现在已是升初中的关键时刻了，还是那么贪玩，学习成绩一直上不去，搞得我心烦意乱，不知道如何才能使他爱上学习。

相信许多家长都会遇到这种伤脑筋的事：孩子贪玩、对学习却毫无兴趣、学习不自觉，即使在有人监管的情况下，也总是不能集中精力。 在目前竞争非常激烈的时代，学习的重要性对于一个人来讲不言而喻，而让家长最为头痛的是，许多孩子特别是有一些男孩不把学习当回事，认为时间还有的是，到时再学也来得及。 很多家长为了让男孩学习，想尽了办法，然而都没有什么效果。

这些男生为什么不爱学习呢？ 听听他们是怎么想的吧。

小学生孙奇奇对学习没有一点兴趣，总觉得每天都听老师讲那些没有兴趣的知识，还不如玩游戏。因为玩游戏还可以升级，十分有成就感，而学习就不能得到这种满足感。

小学生闫睿睿：其实我也并不是讨厌学习，原来也挺喜欢学习的，通过学习还可以从书本里学到一些知识。但是妈妈总是在我耳边不停地唠叨，一定要好好学习，不学习将来就没出息，你若考不好，我就不给你买新衣服和游戏机。还逼我参加很多的课外补习班，我不喜欢上补习班，也不喜欢那个老师。

小学生刘栋梁：爸爸妈妈只对我的分数感兴趣，其他的事他们都不在意。他们总是不让我打篮球，不让我做自己喜欢的事，除了学习他们什么都不让我做，我为什么要听他们的话去学习呢？

听到这些男孩的心声，父母应该也就明白了原因。 由于父母望子成龙心切，加上一些不切合实际的要求，导致男孩对学习产生厌烦和害怕失败的心理，造成他们的上进心丧失、学习缺乏动力。 特别是在父母对孩子施加压力时，孩子便会产生强烈的逆反心理，从而报复父母的不公正。

除此之外，有些男孩虽然智力达到了一定的水平，但心理发育还不健全。他们还涉世未深，没有积极进取的精神。很多家长在学习上、生活上对子女关心备至，对其他方面的培养却置之不顾，那么孩子的创造性便会被只注重学习的家长打压。男孩为了表达内心的不满，最后便放弃了家长最关心的学业问题，以至于讨厌学习。

那么家长要如何对待这些贪玩不爱学习的男生呢？

方法一：注意对孩子学习兴趣的培养

兴趣是孩子学习的动力，有了兴趣才能努力学习。当孩子对学习产生了浓厚兴趣时，他们自然就不会对学习产生厌烦的情绪了。有些孩子对电脑很感兴趣，也愿意通过电脑来进行学习。通过正确的引导，那些喜欢抱着电脑玩游戏的孩子也能利用电脑学习了，也变得不像以前那样贪玩了。所以家长和老师一定要经常观察孩子的兴趣所在，进行兴趣的培养，这样孩子才能够爱学习。

方法二：使孩子尝到成功的滋味

许多孩子特别不爱学习，大多数是因为在学习方面没有达到预期的目标，考试成绩不如他人。所以家长要从实际出发，制定出适合孩子的学习目标，同时给予他们有效的辅导，这样孩子才能通过自身的努力去达到他们预期的目标，从而体验到成功的快乐，而成功的快乐又会不断激励孩子学习和进步。对待那些对学习没有十足兴趣的男孩，希望老师和家长仍然对他们表示尊重。

方法三：要让孩子有明确的学习目标和学习计划

要想使贪玩的孩子爱上学习，父母不能对孩子学习进行硬性的规定，而是要告诉他们学习的好处，促使他们拥有学习的热情。家长一定要在孩子的学习过程中帮助孩子，在学习精力不集中时，家长应及时对孩子进行提醒，使他们把注意力集中在某一个方面。比如，当他们把共同种植的豆子放在阳台上时，刚开始孩子可能出于好奇心还是会看一看。但是时间长了之后，就会表现得越来越缺乏兴趣。假如家长能在种豆子前对孩子说："它马上就要长出嫩绿色的芽了，你要亲眼看着它发芽，及时地告诉妈妈。"这就相当于交给了孩子一个任务，如果他想要帮助妈妈完成这个任务的话，他就要时刻留意它。

总而言之，一位合格的家长想帮助孩子找到好的学习方法，一定要从培养孩子的兴趣入手，给予孩子鼓励，激励他坚持到底、永不放弃，只有这样，孩子才会改掉贪玩的毛病，从而热爱学习。

让男孩不再骄纵任性

常常听到一些父母这样抱怨：

"我们的孩子特别任性，如果什么事不依着他，就会耍赖，真拿他没办法！"

"我家孩子的脾气就特别让我受不了，如果不满足他的要求，他都能哭得背过气去，不达目的不罢休，真让人没有办法。孩子一直这样任性下去，以后走上社会他要怎样应对呢？"

现如今的家庭，独生子女居多，长辈们都把孩子视若珍宝，疼爱有加。从孩子很小的时候开始，父母就给他们穿衣、洗脸、喂饭，替孩子完成其力所能及的事情。想买玩具，无论多贵都给买，当父母的都愿意为孩子花钱。总之，父母的这种包办代替行为不仅剥夺了孩子的多种锻炼权利，而且使孩子的依赖心理更加顽固。凡事都会为他着想，事事都会迁就他，满足孩子所有的要求，长此以往，将会造成孩子的惰性心理。

任性，是独生子女都存在的问题之一。固执、叛逆、抗拒、不听从父母管教等这些都是其主要表现，或者表面很听话其实心里并不是这么想的。 他们无论遇到想做的事情还是想要的东西，都要随着自己的意愿来。

任性的时候，家长只会一味地心软和听从，长此以往，孩子的任性行为将变得更加严重。

那么要怎么改正孩子任性的毛病呢？

方法一：对男孩的任性行为采取冷处理的办法

在男孩成长的过程里，很多时候都会有过分的要求，等他们长大一些之后，只要自己的要求没有办法得到满足，就会表现出强烈的不满。 这时，家长不要一味纵容孩子，或生硬地教训他们，而是应当表现得十分生气，并让他们自己去感悟。

就这样经过一段时间之后，孩子意识到自己的无理取闹对父母毫无用处时，便会停止哭闹。 相反，如果父母去哄他，只会闹得越来越凶，最后还得满足他的要求。 如果一次又一次地纵容孩子，孩子会变得更加任性。

有一次，家里到了吃饭的时间，俊俊偏要让爸爸陪他玩篮球，爸爸说吃完饭再去玩，他死活不同意。爸爸没有理他，也没有去哄他，只是把他的饭放在桌子上。他见哭喊没有人回应，觉得没有用就自己去吃饭了。之后每回俊俊哭闹起来，家长都不会再迁就他了，而是在事情结束后再给他讲道理。这样，他很快就把哭闹的恶习给改掉了。

作为一种个性，后天因素对任性起着很重要的作用。 很多父母见到孩子哭闹时便心软了，什么事都由着孩子，当孩子知道任性以及哭闹可以得到好处时，就会一直任性下去，再想改掉他们的毛病就难了。这样，孩子就会抓住任性的时机，学会用此来影响或者威胁父母。因此，必须从幼儿时期开始，就让他们知道任性吵闹是不对的，最重要的是不给他们无理取闹的机会。

方法二：男孩任性时，父母要及时转移男孩的注意力

孩子的注意力很容易被某个事情所吸引，所以当孩子任性时，父母要抓紧时机转移孩子的注意力。例如当孩子哭闹任性的时候，父母可以拿出他们感到好奇的东西，对他们说："这是什么东西？长得好奇怪啊！"或者十分惊讶地说："你看，大街上的汽车怎么这么奇怪呢？"或者说："我们去外面玩一会吧。"时间一长，孩子就会忘记了自己哭闹的原因。

一般男孩的心态都是由注意力来决定的，不再关注也就会发生改变。所以，通过改变孩子的关注点来改掉孩子爱哭闹的恶习也是一种很好的方法。把孩子的注意力从他坚持要做的事情上转移开，从而改变孩子的任性行为，不经意间就会把孩子的毛病改正过来，消除他任性的毛病。

方法三：如果有条件，为孩子创造艰苦教育的机会

张先生对自己的儿子扬扬从小就很溺爱，以至于孩子养成了任性的毛病，张先生为了改掉他的这些毛病，决定把儿子送到老家四川山区去。

张先生的老家虽然在农村，但是生活水平还是很高的，

他事先便和父母约定好，千万不要溺爱孩子。同时，他让扬扬和自己在农村的几个兄弟的孩子一起玩，体验一下农村集体生活。

一个假期过去了，当孩子从老家回来时，整个人都变了，不但学会了许多本事，而且还改变了以前的任性态度。要知道，融入集体生活，最主要的一点就是改掉以往的任性和骄傲，张先生的艰苦教育收到了很大的成效。

要想根治孩子任性的毛病，父母可以以张先生的做法为榜样，带孩子到贫困的农村去锻炼，让孩子充分融入农村孩子的生活中去。假如家长能再进一步地教导孩子，帮助农村的孩子干家务活。那么，不但会使孩子改掉任性的坏毛病，还会让孩子变得十分有爱心。

家长用耐心来"征服"叛逆儿

在孩子成长的过程中，孩子心理上的叛逆情况都会逐渐体现出来，比如爱顶嘴，爱发小脾气，故意做一些错事，或者情绪不稳定、专横跋扈、表现得比较自私、沟通起来比较困难等，这些问题让家长很伤脑筋。

事例一：

我有个已经上幼儿园大班的儿子，他是幼儿园里面的"小领导"，能言善辩。在家里的时候也一样，我说一句话，他有十句话等着你，并且振振有词。比如，饭吃到一半就跑去看电视，我说："吃完饭再看电视。"他便会说："我自己决定我要什么时候吃饭，什么时候看电视。"我因此十分生气，就把电视关掉了，于是他就叫了起来："这是我的自由，你不能干涉。"

事例二：

我儿子特别喜欢去超市。有一次排队交钱时，儿子想要架子上的巧克力，我不同意给他买，并告诉他家里还有，等到家以后再吃，他便哭闹起来说我一定要吃，还在地上打滚，弄得我十分尴尬。

事例三：

> 每回陪孩子去游乐场玩，孩子总是不肯回家，使我们家长非常疲惫。

以上这些都是男孩叛逆的表现，它使家长尝到了失败的滋味，特别是想到自己对男孩付出了那么多，孩子居然如此的不听话时，心里更是烦闷。家长一定不要因此而失望，想要对付这样的男孩，办法还是很多的。

例如事例一里面的这个小男孩，家庭环境对孩子产生了很大的影响。假如家庭是民主家庭的话，应该对孩子进行民主教育。这个事例中，孩子说的"句句都头头是道"，维护了自己的权利，没有本质上的错误，他仅仅是对父母不够尊重。在孩子说了自己决定什么时候吃饭了之后，家长可以先选择保持沉默，事后再与孩子进行交流，告诉他父母希望他能够先吃饭然后再看电视，他是不是应该接受？同时，如果他有想看的电视节目，父母也应该先接受，然后告诉孩子要按时吃饭，相信男孩可以改掉以前的坏毛病。

事例二中，零食对每个孩子都具有独特的诱惑力，想要抗拒它并不是一件容易的事，但是自制能力是能够培养的。如果孩子在哭闹时得到了满足，孩子就会利用哭闹来威胁家长。对付这样的孩子的办法就是长时间地注视着他，这样会使孩子对自己的错误行为产生内疚和羞愧，从而减少不良行为发生的次数。 带着孩子去超市，买巧克力不是一件过分的事，因为超市里的物品有很大的诱惑力，孩子若不要东西是不可能的。

事例三中的男孩是个精力旺盛的孩子，只要玩起来就没够，这是孩子的天性。 当孩子玩得正高兴时突然叫孩子回家，这对孩子来讲，他们需要很大的意志力。 平常的时候一定要让孩子尽兴地玩，并且给孩子足够的课外活动的机会，释放充沛的精力，也可以提前让孩子知道回家的时间，这样将会起到很好的效果。

方法一：正确看待男孩不听话的行为

每个家长都喜欢听话的孩子，但这并不是为了满足孩子自身发展的需要，而主要是为了维护自己教育的便利和面子。 但是当父母因为自己的孩子听话而开心时，不要忘了这样有可能不利于孩子的开拓精神和创造力的开发。 但也总有父母说："你为什么要这样不听话？"也经常听到家长谈论自己的孩子："我那孩子性格很刚硬，特别不听从我的管教。"该如何对待孩子的不听话呢？

其实，听从家长管教的孩子不一定有出息，孩子一味地听从父母的话未必是一件好事。 同时，男孩"不听话"也不一定是件坏事。 家长要根据孩子的个性特点进行教育，绝不可死板教条、千篇一律地采取措施，一定要看事情的具体情况。

方法二：要尊重孩子的人格

当男孩不听话时，父母应该尊重孩子的人格，不可讽刺挖苦、谩骂孩子，或者当着别人的面数落孩子，例如说孩子特别笨等这样的话语。 有时家长的话虽然是对的，但措辞不当也会伤了孩子的自尊心，孩子虽然心里明白自己错了，但面子上不能接受批评，于是就用"拧"来对抗。 这样做会让孩子与父母之间的关系越来越远，并且让亲情淡化，还会对家长的情绪造成影响，对于孩子的成长来讲更是有百害而无一利。 在这种情况下，作为父母要保持冷静，保持心态的平和，首先要表现出对男孩足够的尊重，之后再和孩子进行沟通，千万不要用强制的态度教育孩子，而是要和孩子尽量平等地对话，使他们放弃自己的不正确想法。

◇ 改正男孩的坏习惯 ◇

妈妈，我想出去玩一会儿？

你的作业还没做呢!

▲ 究竟怎样才能让男孩爱上学习，很多家长都对此感到十分头痛。

这款游戏真是刺激好玩!

我们的孩子特别任性，如果什么事不依着他，就会耍赖，真拿他没办法!

我家孩子都能哭得背过气去，不达目的不罢休，真让人没有办法!

▲ 小孩子玩游戏可以升级，十分有成就感，但是通过学习却不能得到这种满足感。

▲ 家长可以对男孩的任性行为采取冷处理的办法或者及时转移男孩的注意力。

高情商家教思维

1. 您的孩子是自卑的还是自信的？ 具体的表现是有哪些？

   _____

   _____

2. 您的孩子说谎吗？ 您记得孩子第一次说谎是什么事情吗？
   他为什么要说谎？ 您该怎么做？

   _____

   _____

3. 当孩子遇到困难变得胆小怕事时，您该怎样做？ 您制定了什
   么方法可以改变您的孩子这种现状？

   _____

   _____

4. 仔细想一下，在您的孩子身上有哪些坏习惯需要克服掉，您
   将如何与孩子一起去努力？

   _____

   _____

5. 孩子任性怎么办？ 妥协、逃避，还是正面应对去帮孩子改变
   这种坏毛病？

   _____

   _____

6. 您觉得您的孩子叛逆吗？ 您该怎么办？

   _____

   _____

第三章

父母应做好孩子的第一任老师

父亲是孩子眼中的超人

性别特质是父母需要学习的教育智慧，在中国人的传统观念中，父亲支撑着整个家庭，他是家庭经济上的顶梁柱，更是家中事务的决定者。"超人"是父亲在孩子眼中所扮演的角色。"父亲"对孩子来讲又意味着什么呢？

方法一：父亲是孩子重要的玩伴，多和孩子游玩

家庭在出游或者野餐时，孩子会经常跟随父亲到山上摘果或是下河抓鱼。孩子认为，只有父亲才可以陪自己完成冒险，并在危险的时候保护他。在家里，父亲经常会把孩子举过头顶来回旋转。这些动作虽然有一些危险，但是父亲的大手和宽阔的肩膀总能让孩子在刺激的同时有着很强的安全感，让孩子发出笑声。

孩子出生后的第 20 个月，父亲成了孩子最基本的游戏伙伴，20 个月的婴儿喜欢父亲和自己的游戏方式。到 30 个月后，父亲则成了孩子最重要的游戏伙伴。婴儿在这个时候会配合父亲一起玩耍，他们会在第一时间想到父亲的陪伴。

方法二：父亲帮助孩子形成积极个性的品质，培养孩子的正面情绪

在现在的社会中，男性的独立自主、坚强自信、责任感、交际能力、进取心是下一代学习的品质。孩子能否形成积极个性的关键因素是父亲。

孩子会在和父亲的互动中受到影响，行为也会模仿父亲。假如孩子在5岁之前失去了父亲，那么孩子的个性发展会受到不利的影响，越小的孩子影响越大。

缺少父爱的孩子通常会缺少自我克服困难的决心，会有更多的依赖性，会自卑，也会在控制力和道德品质发展中产生不足。

方法三：父亲能提高孩子的社交技能，让孩子今后成为乐于交往的人

保持家庭与外部社会联系的"桥梁"是父亲，他对孩子的社交能力、社交技能有着很大的影响。随着孩子的成长，与外界交流的日益增多，父亲要扩大孩子的社交范围，充实孩子与外界交流的内容，使孩子的社交需要得以满足。

同时，孩子可以从与父亲的交往中掌握更多、更实用的社交经验，学习更多的社交技巧。假如在和父亲的游戏中，孩子表现得积极、自信，那么他一定也会在与同伴的交流中受到欢迎。因为父亲在很大程度上影响了他们交往的态度，使他们在与人交往的时候更加自信。

方法四：父亲能使孩子的性别角色正常发展，让男孩更坚强

性别暗示存在于社会的各个角落，即使是孩子的玩具也会体现出来，有适合男孩玩的，有适合女孩玩的。 在儿童性别角色发展中，不管是男孩还是女孩，父亲会起到更大的作用。孩子会在和父亲的交流中逐渐意识到自己的性别差异：父亲会和男孩以"哥们儿"相称，却叫女孩为"小公主"。

方法五：父亲能促进孩子的认知发展，提高孩子的智商和情商

因为父母性格和能力上的不同，孩子在父亲母亲身上会有不同的收获。 在母亲那里，孩子能学到更多的语言应用、生活常识、如何使用一些日常工具等。 在父亲那里，他们则可以学习到更加丰富的文化知识，例如认识自然、关于社会的知识，并通过动手操作培养动手能力，这样孩子的想象力会得到发展，智力也会提高，同时他们的求知欲和好奇心也会得到发展。

父亲会对孩子将来在社会上、生活中所需要的文化知识和沟通技巧产生影响，并且这种影响力会一直持续。 失去父爱的男孩常常会感到惴惴不安、不自信，不愿意和其他人沟通，时常会感到很大的压力。 父亲要在孩子成长的道路上给予孩子帮助。 父亲是这个世界上无法替代的角色，只有认识到这一点，才可以成功地教育孩子。

母亲的素质决定孩子的素质

　　孩子是在母亲的身体里孕育出来的，所以母亲的健康素质决定了孩子的身体状况。 母亲造人是夫妻感情的延续，同样也是人类一直前进、一直走向文明社会的基础。

　　生命繁衍的重任之所以由女人来完成，不仅仅是因为女人能够传宗接代，更是因为女人的一些特质，像勤劳、耐心、有亲和力等，弥补了孩子在父亲的影响下所产生的思维定式，能够让他在正义、勇敢下充满情感。 母亲不仅要生育孩子，她还要承担作为孩子避风港的重任，即当孩子受挫之后，要让孩子对生活重新燃起希望，勇往直前。

　　母亲的素质对孩子身上的一切都有着很深刻的影响。

方法一：母亲有教养，孩子也会有教养

　　"修养"，在日常生活中的方方面面都体现着，无论与人相处还是独自一人的时候，他的言行都是修养的表现。 孩子自小同母亲一起长大，所以孩子身上很大部分的修养，都是从母亲那里得来的。 母亲品德良好，孩子必然会学母亲身上的

特质；母亲节俭，孩子自然也会艰苦朴素；母亲懂礼貌，孩子肯定会是个有礼貌有教养的孩子……

指挥家汤沐海有着很高的道德修养，这与他妈妈的影响有着很大的关系。他的妈妈蓝为洁女士，对于孩子的修养相当重视。她是一名电影剪辑师，制作出了一部部优秀的红遍大江南北的作品，出于她对艺术的理解，她与孩子的交流特别的轻松自然，让孩子在潜移默化中受到她的影响。

方法二：懂得为别人着想的孩子都是那些善良温柔的母亲教育出来的

有许多感情麻木的人，往往童年时代都缺少母爱，这样的人都野蛮而粗暴，对人对物都毫无耐心可言。而"悲天悯人"都是受后天修养和教育才形成的，很大程度上是因为母亲的善良对他的影响。

比尔·盖茨曾说，"虔诚和善良"都来自母亲。作为曾经的世界首富，他在退休后便投入了慈善事业，是长期支持慈善活动的社会活动家。从他的身上，能看出他母亲的影子。

方法三：耐心细致的母亲教会孩子做事

无论是多么不细腻的女孩，一旦成为母亲就会变得坚强和细腻，这便是人们所说的母性。每个孩子都有其独特的生长节奏，只要母亲具备很强的耐心去等待和观察，就会发现每个孩子的步调，并在恰当的时机指导孩子去做恰当的事情，他就会离成功近了很多。

不只教育是这样的，在日常生活中，如果一个母亲都不能耐心听完孩子说话的话，便不要指望孩子耐心听他人的建议了，更不用说虚心向他人求教。 孩子养成良好的品质，耐心是成功的必备要素，作为孩子的第一任老师，母亲的耐心是一份特别关键的礼物。

父母要经常和孩子交流

不是只有女孩喜欢和父母说自己的不快，男孩也有苦恼的事情，他们同样需要父母的关心。有些男孩性格内向，不爱说话，终于肯鼓起勇气去诉说，却没有得到尊重，甚至遭到父母的批评，日子久了，男孩就越来越沉默，不愿意去诉说。

如果想真正地了解男孩，那么父母应该经常和孩子沟通，倾听他们的想法，满足男孩的被倾听的欲望。

方法一：耐心地听完孩子的倾诉

事实上，男孩很少倾诉，一方面是他们不像女孩那样喜欢把喜怒哀乐与人分享，另一方面是许多父母在教育男孩的时候，都提倡男孩"多做事少说话"。因此，当有一天男孩跟父母诉说他在学校受到了不公平的待遇时，请父母耐心听完。孩子愿意把心中的不快与父母分享，说明他把父母看得非常重要。但如果父母阻止了他的表达，也就等于破坏了父母和孩子间沟通的桥梁，从此，他们就不会再信任父母了。

当孩子向父母抱怨某件事情时，父母应该耐心地听孩子讲完，而不能只是对男孩敷衍了事，或简单地对这件事下结论。男孩的倾诉，是整理自我的过程。面对男孩的倾诉，父母应该用正确的态度和温和的目光让孩子知道父母有耐心听他讲下去。

其实，男孩有自己的想法，在和父母讲话的这个过程中，他也许正在对所说的话进行分析和整理，有时候说完了，宣泄了自己的情绪，或许这时他也找到了解决问题的办法。

方法二：理清事情的来龙去脉再下结论

老师请小叶的妈妈去办公室谈话。老师说，小叶正在和同桌谈恋爱，恳请家长的配合。妈妈听老师这样说以后，准备和小叶好好聊聊。

"小叶，你的英语成绩和之前比有了很大的提高！"妈妈这样开口说道。

"啊，对啊！我们班的英语课代表经常在学习英语这方面帮助我，她就坐在我旁边。"小叶高兴地说。

"你这同桌很热心，帮助你学习英语，你应该好好感谢她！"

"马上要考试了，她的理科成绩比较差，又特别急躁，就拜托我帮助她。我最近这么晚回家，就是因为在学校帮助她复习理化。妈，你知道吗？通过我们的带领，班里有很多同学都开始向我们学习，他们都在互相帮助呢！"儿子高兴地对妈妈说。

"那你们都在放学后一起做功课吗？"妈妈询问道。

"对啊，遇到不会的问题我们还经常在一起讨论，大家都特别喜欢这个方法呢！”

男孩不善言辞，更乐于用行为来表现自己对同学的关心和帮助，当父母觉得不能继续忍受男孩的某些行为的时候，先不要急着质问孩子，而是听完孩子的叙述再下结论。让自己的心情平静下来，耐心地听完孩子叙述的关于整件事的原因，因为只有男孩自己说出来的，才是最真实的。

不要与别人的孩子做比较

初中时候的李杰，成绩总是名列前茅，每次考试都是第一名。为了鼓励儿子，尽管妈妈反对，爸爸还是给儿子买了一部手机。儿子整天玩手机，其结果是成绩不断下降，还想尽办法跟父母要钱充话费上网。妈妈费尽口舌，但是情况仍然越来越严重。

最后，在母子的又一次冲突后，他坐上了开往温州的火车。刚到温州，他就到了鞋厂工作，每天工作12小时，月薪才1500元。工作虽然很累，但是他很开心，因为他终于躲开了母亲的唠叨。离开家的一个多月，李杰只是给外公发了一条问候的短信，就再没有和家里联系。

当别人问他为什么要辍学的时候，他流下眼泪，他说他想读书可是不愿意回家。"我不能忍受她总是把我和其他人相比。"李杰说。妈妈对他没有好脸，看到他拿手机，就开始骂他："总是玩手机，人家某某同学，就知道做作业，成绩比你好得多。你这辈子跟你爸一样没出息，当初还不如不生你呢，没用……"他说，从没有因为玩手机耽误功课，只是晚一点写作业。母亲不断地絮叨和讽刺，刚开始的时候，他还能忍受，时间长了，他就忍受不了了。为了抗议，还没等妈妈说完，他也对着母亲嚷，母子关系非常紧张，甚至还曾经动过手。"妈妈每天又吵又闹，让我觉得很疲惫，上课的时间都用来睡觉了。我们根本没有办法沟通。"李杰说他也想过和母亲改善关系，试着把 90 后的观点说给母亲听，却得到了妈妈的强烈斥责，所以他放弃了努力。

当母亲得知孩子的这些心里话时，她还是不太理解孩子的想法，只是说她还是愿意接受孩子的意见，但是他一定要改正自己的错误。对于妈妈的想法，李杰还不太能接受，"以后再说吧，要是她愿意找我，我也接受"。

很多和李杰一样处在青春期的男孩，他们表现得很敏感，想法会比较极端，他们需要别人的尊重和理解，更需要独立思考的空间。若家长一直把别人和男孩比较，经常对孩子进行语言攻击，总是对孩子讽刺、打击的话，那么男孩在与父母的相处中就会"针锋相对"，使矛盾更加激化。

聪明的父母不会拿孩子做比较，不管父母的本意如何，也许主要目的都是为男孩好，可是这样做的后果往往会严重伤害男孩的自尊心，也许最终都不能消除他们的自卑感。很多成年人在回忆儿时的这段经历时说，父母这样的做法根本就是没有意义的，反之，它们严重伤害了孩子的自尊心，打击了孩子的自信心，危害了孩子的童年生活。

有的父母不了解自己的孩子，他们总是试图通过对比使男孩进步。他们这样做的结果，往往给孩子造成巨大压力，不仅不能收到父母所希望的效果，反而有可能使男孩自暴自弃，更有甚者做出极端的行为。

有些事情可以让孩子决定

父母总是说，男孩的性格很奇怪，他们听不进说教，特别是处在青春期的男孩，对于父母提出的要求总是显得很叛逆，经常朝相反的方向走。

可是，一旦家长让他自己做决定，男孩就会没了主意。自己做决定对他们来说是很骄傲的事情。最主要的是男孩会因为父母让自己做决定而认为自己是被尊重的，所以，他们会非常仔细，生怕辜负了父母对他的信任。因此，父母的信任便成了男孩努力做好这些事情的巨大动力。

但是，令人遗憾的是，在中国充分信任孩子的父母很少，他们很少让孩子来决定，特别是对那些他们认为调皮捣蛋的男孩。因为家长总是觉得"孩子年纪还小，怎么能让他决定事情""男孩还没有能力去做决定"……所以，孩子从小到大所有的事情都由家长来决定。

事实上，家长因为某些想当然的原因就否定孩子对自己事情的决定权，这简直就是无稽之谈。儿童心理学家提出，假如父母给孩子充分的支持和理解，那么男孩会比女孩更加独立。

事实也是这样，在现实生活中，有这样一种现象：当困难来临，男孩可以自己去解决问题，而很多女孩却只是用哭泣来解决。当然，这没有性别上的歧视。男性更注重实践，愿意去探索和竞争，他们更乐意享受创造过程带来的乐趣。

当家长决定让孩子自己来做这件事的时候，才会有这么多的乐趣。

小勇和爸爸在苹果园玩耍，突然，他决定爬上那棵苹果树，于是他向爸爸征求意见。爸爸指了一棵树说："去吧！"然后仍然低头看手上的报纸。等儿子走向那棵树的时候，爸爸开始密切地关注孩子的举动。

小勇先观察了一会，然后手脚并用缓慢地向上爬，他很困难地爬上树后就试图登上一个细枝。眼看那条枝干就要被踩断，爸爸的心都要跳出来了，刚想跑去接住儿子，没想到，孩子却离开了那危险的树枝，继续向主干上爬……

小勇爬累了便不再向上爬了，他高高兴兴地回到爸爸身边。这时候，爸爸严肃地问儿子："儿子，你决定爬树之前，在树下观察了半天，难道是在找苹果吗？"

"没有，爸爸，我在观察情况，再决定从哪里往上爬更容易。"小勇说道。

"你刚才好像差点就从树上掉下来了！"爸爸用轻松的口气对他说。

"哎呀，爸爸，我只是想看看那树枝是否牢固，我不会去踩的。"小勇认真地说。

"你真是个聪明的孩子，倒故弄玄虚了！"爸爸高兴地说道。

小勇即使不明白故弄玄虚的意思，但他感觉得到爸爸很高兴。

没有一个孩子是笨孩子，虽然他们经常不经意地去冒险，可是在此之前他们还是会分析自己即将去做的事情。小勇爬树的例子就是很好的证明。

在小勇爬树的过程中，除了学会了怎么观察，还收获了许多别的方面的知识。父母是否支持自己的孩子做的决定和孩子能否获得这些知识有着密切的联系，若由于担心而去阻拦，孩子就减少了一次锻炼自己的机会，相反，即使掉下来也无伤大雅。父母应该尊重孩子自己的选择，这样他将明白怎么去避免错误的产生。

方法一：对孩子想要尝试的愿望给予支持

阳阳对爸爸说他想一个人到外面去。爸爸没有阻拦，任由他离开了家。但是还是担心，就一直跟在孩子后面。

阳阳爸爸发现，儿子做事情时条理清晰，他竟然可以安全地过马路。从那以后，爸爸开始培养儿子的独立意识。在儿子刚上小学时，爸爸就允许他在小区附近自由活动，但是在问路的时候，还是要求他去找穿制服的警察叔叔，他还鼓励儿子"要尝试走一条通往一个目的地但自己却从未走过的路"。

经过这些教育，阳阳上四年级的时候就可以独自坐公交车去外婆家了。

好奇心是每个孩子都有的，每当出现新鲜事物时他们都想去尝试。但是，家长应该怎么应对他们的好奇心呢？家长对孩子的这种行为有着不同态度，所以最后的结果也不一样。

大多数的家长都说："孩子长这么大了还要等我回家做饭，自己什么都不会。"也有一些家长自豪地说："我家孩子很小就已经能独自做家务了，即使我不在家，他也能打理得很好。"

此时，不用多说什么，父母也清楚了。前者每次都把事情给孩子准备妥当，他们的包办式教育让孩子丧失了独立性；而后者让孩子自己决定他们的事情，给孩子发挥的空间，他们要求孩子自己去尝试，并充分信任他们可以做到。因为他们明白，孩子最喜欢听到家长说信任自己的话：

"这件事由你自己决定。"

"只要你认为对的就去做。"

"这件事的决定权在你手中。"

"相信自己的选择。"

……

方法二：了解孩子的内心想法

男孩起床后就叠被子，可是叠得很慢，父母看见之后便帮他把被子叠好。从此，孩子的脑子中就形成一个印象，叠被子很难。

孩子刚开口说话的时候学得很慢，这时候，妈妈就急忙去帮助。从此，这个孩子就不喜欢开口说话了。

男孩同样有自己的缺点，他们比女孩成长得慢，他们刚开始学东西时都比女孩慢；男孩协调性比较差，所以想要叠好被子就要很有耐心；男孩的语言能力也不如女孩，所以说话要慢慢地教。然而，如果父母不了解这些，就不能很好地教育自己的孩子，就如上面所述的这些例子一样。

家长要明白：男孩本身就比女孩发育得晚，再加上他们还不够成熟，所以家长对孩子的引导尤为重要，但这种引导也只是帮助，并不能都代办。伟大的儿童行为学专家蒙台梭利提出"请帮助我，让我自己做"，说出了孩子想说的话，孩子希望父母帮助自己而不是代替自己做。没错，父母的帮助可以减少孩子犯错误的概率，但孩子的成长一定要通过自身实践。

方法三：培养孩子的探索精神

对男孩来讲，他们的脑子里装了各种稀奇古怪的东西，他们总是会有奇怪的想法：

用皮球当作"保龄球"来玩儿；

拆装玩具车；

在双杠上系上跳绳荡"秋千"。

对于孩子这样古怪的行为，家长更应该理解而非阻止。因为探索的兴趣都是源于好奇心，而探索是创造的基础。对于男孩来说，他们个性十足，无论做什么都喜欢和别人不一样，创造就是要与众不同。所以，不要认为自己孩子的行为古怪，要明白，这才是他与众不同的地方！

与你的孩子成为好朋友

孩子走向成熟需要同龄的伙伴给他正面的影响。

照理说，孩子最亲密的大伙伴就是父母。可事实恰恰相反，现在好多家庭中，孩子与家长的关系岌岌可危，孩子——特别是淘气的男孩，他们总有一句话挂在嘴边：家长不懂我。

小翔的家长最近很担心。

原因是儿子现在不像以前那样黏人撒娇了，变得不爱搭理人了。吃饭时，只要话题说得敏感了，就会回房间，连饭都不吃了。妈妈特别的焦急："我们有了代沟！但是，只要他不高兴我们也会去安慰他。工作再忙，抽时间也会和他聊天。"

但是小翔无所谓地说："他们跟我说话根本是强迫！对于我说的话，他们只会点头，根本就是敷衍，不是扯开话题说别的，就是说我的不是。我们并不是平心静气地坐在一起。我喜欢的父母是能真正和我平等相处的父母，大家就像好朋友一样交流。"

每个人都有自己的理由，那亲子问题应从哪里去找问题呢？

教育家们在小学里做过一次调查，调查的结果是，参加调查的父母中，有 80% 的家长觉得自己教育孩子的方法很好：自己比较明白儿子的个性，儿子会说出自己的烦恼，儿子的好朋友自己知道、儿子喜欢看的书自己很清楚……然而教育家却觉得，大部分的孩子并没有充分地信任家长，大部分家长以为和孩子关系密切只是自作多情罢了。

孩子心声被一个小男孩说出来了：

> 父母常常和我们交流，但他们沟通的话题就只有学习，目的性特别明显。并且，父母总是把我和其他人相比，这点我很不喜欢：谁家的孩子又考上清华、北大；谁特别的懂事……听到这些话我很烦。

男孩上了小学就差不多已经懂事了，如果家长与孩子谈话时，常常带有很强的功利性，经常比较孩子和别人的区别，这样对孩子成绩的提高一点好处也没有，还会使孩子的自尊心严重受挫。

家长先要了解孩子才可以和孩子交朋友。孩子的想法其实并不复杂，但是想不明白孩子心思的家长也是大有人在。家长要怎样去了解孩子？一位男孩的爸爸把他的经验分享给我们：

> 我们家有一个"亲情宝盒"，它可以解决我们和孩子之间的沟通障碍。
>
> 有一次孩子不高兴，我不知道为什么，就往"亲情

宝盒"扔了一个纸条："你不开心是爸爸哪儿做得不对了，可不可以告诉我？"

没过多久，儿子也写了纸条放进去了："你叫我写字，总是说我没写好，还说我笨。"

通常，孩子的想法被误解只是因为父母们想当然。即使爸妈主动询问，他也不一定会说。这时，父母和孩子沟通的桥梁就可以是这个"亲情宝盒"。随着孩子的成长，解决方法就可以变成父母与孩子交换看日记。如此，双方的心理、想法都能在日记中说出来，自然而然的，父母和孩子就能有效的沟通，并且成为好朋友了。

方法一：哪壶先开提哪壶

专家提出："若父母不能让孩子主动说出他的快乐和痛苦，那么任何的教育都是没有意义的。"

事实上，父母要想进入孩子的心灵中和孩子交朋友并不难。两代人的交流，需要家长有方法地进行。家长之所以让孩子敬而远之，那是因为你没有童心；如果孩子只和你交流却并不受你引导，那说明你只具备"童心未泯"而不具备"老谋深算"。

"恨铁不成钢""哪壶不开提哪壶"就是家长和孩子沟通失败的原因。事实上，"哪壶先开提哪壶"就是家长和孩子沟通的艺术。

一个反应很慢的男孩对妈妈说："妈妈，我今天在体育课上跑了第一名！"

妈妈很奇怪地说:"小冠军,赶紧跟妈妈说说当时比赛的情况吧!"

原来,在体育课上,同学们分成四个小组,在其中一个小组的最后一名就是这个孩子。然后每组最后一名同学再比赛一次,在这个"安慰赛"中这个孩子成了冠军。

妈妈听后,当什么事儿都没发生,也没有表现出异样:"小冠军,妈妈今天做好吃的来庆祝你夺冠。"

孩子的冠军只是从所有小组比赛最后一名的败将中产生的,有什么高兴呢? 然而,孩子的自尊被妈妈视为最重要的,所以她只是看到优点。 这样的妈妈,孩子怎么会不和她做朋友呢?

方法二: 与儿子像朋友一般握手

友好的表达方式之一就是握手,最重要的感情可以通过握手来传达。 两个陌生人,想拉近距离、认识一下,握握手就可以。

当父母以朋友的身份跟孩子握手,父母的友好和尊重就能被他感受到,他打开自己的心就简单多了,自己在想什么也愿意告诉父母。

爸爸想发一封电子邮件,但是遇到了困难,便请教正上五年级的儿子:"儿子,我想让你当爸爸的老师,教教我如何发电子邮件?"

"可以啊,打开这个……"爸爸听着儿子认真地讲着课。

爸爸成功发完邮件后，高兴地说："真棒，以后这方面有问题我就找你，希望我天天都能有进步！"儿子虽然很羞涩，但和爸爸握手时他很认真。

很多家长直接对孩子说："儿子，我们像朋友一样相处吧！"会觉得不好意思。而通过握手，就能表达出家长想与孩子做朋友的真诚。这时，孩子会打心眼里认可家长，他们会从内心里希望能够和父母成为朋友。

方法三：掌握好与淘气儿子做朋友的尺度

许多家长说："和孩子交流真的像和成人做朋友一样，家长威信会消失。"家长有这种忧虑很正常，所以，每个家长都要把和淘气的孩子做朋友的尺度掌握好。父母们可以借鉴一下下面的几点建议。

（1）和孩子说好家里的规定。例如，孩子尊老爱幼、办事公平这是基本原则，不管遇到什么事情都应如此。

（2）孩子言行的尺度要随时把握。孩子会常常想，我和父母是朋友，他们不会计较这件事是我自己做主的。这时候，家长需要用一个细微的动作或者眼神告诉孩子，我绝对不同意你这样做的。

（3）孩子做了很严重的错事，他想得很庆幸：爸妈和我是朋友了，不可能不原谅我，我求求他们，不会有什么事的。这时候家长一定要把好关，毫不留情地、严肃地把错误说出来，让孩子记住这个教训。这样，才能在孩子面前有威信，才能和他成为好朋友。

让孩子参与家庭事务

生活的乐趣就是重在参与。参与表现的是大家之间的平等，一种民主和谐的气氛。父母在家庭教育中应该把孩子放在很重要的位置上，让男孩有知情权，让男孩感受到他是家庭中重要的一员。

现在的孩子几乎都是独生子女，但让孩子参与家庭事务，提倡孩子在家庭中应该有发言权，让孩子感受到在家里的位置，让男孩在家庭中感觉到自由和快乐，这样有利于男孩的身心发展。

但是，很多父母认为孩子什么都不懂，甚至有的父母经常说"无论你多大，你始终是我的孩子"！如果家长不摒除这种观念，就会束缚孩子的成长，更别说让孩子表达自己的想法了。

如果父母把儿子当成平等的家庭成员，大家平静地在一起商量，讨论解决的办法，孩子就不会采取过激行为，造成不可收拾的后果。在讨论中，儿子可以表达出自己的想法，也许在和孩子的沟通中，父母双方或许就能对彼此多点包容和理解，获得融洽的关系。假使父母婚姻不能维持，但因为沟通使儿子知道真相，并且征求了儿子的想法和建议，即使到最后父母还是分开了，但是起码不用造成不完美的后果。

　　赵华的父亲从小就很尊重赵华的想法，如果家里有重大事情要做决定时，爸爸也会及时地询问赵华的意见。赵华 7 岁的时候，他们搬到了新家里。在给新家设计装修时，爸爸也询问了赵华的装修意见，赵华充分参与了设计和研究。在装修的这段时间中，他给了父母很大惊喜，他们发现了孩子的设计潜力。此后，父母就尽力为赵华的潜力提供条件，有意识地创造条件让他自己动手设计，所以儿子在小学期间就获得了很多这方面的荣誉。

不能觉得男孩年龄小，就不把孩子的想法当回事，要尽量询问孩子的想法。"告诉我，我会忘记；给我看，我会记得；让我参与，我会理解"。要多听听孩子的想法。让孩子清楚家里发生的事情，信任和认可男孩，让男孩有主人翁的责任感。每个男孩都有自己的想法，其中很多想法会让父母觉得新鲜可行，所以家长要充分倾听孩子的意见。

为男孩营造理想的家庭氛围

家庭的教育环境和孩子成长的关系，英国心理学家诺查尔是这么描述的：

      若他学会指责别人是因为他在批评的环境中成长的；

      若他学会和人打架是因为他在敌意的环境中成长的；

      若他学会了难为情是因为他在嘲笑的环境中成长的；

      若他学会自己内疚是因为他在羞辱的环境中成长的；

      若他学会独自忍耐是因为他在忍受的环境中成长的；

      若他学会自信是因为他在鼓励的环境中成长的；

      若他学会抬高自己的身价是因为他在赞扬的环境中成长的；

      若他学会正义是因为他在公平的环境中成长的；

      若他学会信任是因为他在安全的环境中成长的；

      若他学会自爱是因为他在赞许的环境中成长的；

      ……

家庭和社会在孩子的眼里，前者的影响很大，因为他们赖以生存的地方就是家庭。因此，如果一个家庭能有一个良好的环境氛围，能有快乐、和睦、温馨、甜蜜、美好的气氛，对孩子身心的健康发育和成长有很深的影响。

那么，你的孩子到底在什么样的环境中才能更好地成长呢？

一位教育学家在一所小学里做了一个调查，每个孩子都要回答他提出的两个问题："什么样的家庭才是你最向往的？""哪些东西使你感觉温暖？"让大家意想不到的是，孩子更倾向于细微的小事情，像旅行、游乐场、大玩具还有昂贵的衣服这样的答案几乎没有；孩子更注重的是和父母间的沟通和他们对自己的爱。

男孩向往的家庭的标准是以下这些：

（1）最开心的时候就是大家一起玩游戏、下棋，再一边吃爆米花。

（2）一起玩耍：希望我喜欢玩的玩具爸妈也喜欢！

（3）养宠物：愉快的家中能养一些小动物——鸟啊、小白鼠啊、小乌龟啊、鱼啊、狗啊、猫啊、猴子等。

（4）制造特别的气氛：我最快乐的时候就是，妈妈会在我们吃晚饭的时候点上蜡烛。

（5）一起做饭：好吃的东西我乐意和爸妈一块做，像饼干、面包等，好闻的味道就能充满整个房间。

（6）表达情感：我喜欢脸让爸爸的胡子扎一扎，还喜欢爸爸把我抛到半空。

（7）互相欣赏：妈妈在那坐着微笑地看着我。

（8）互相沟通：家人彼此喜欢，吃完晚饭以后坐在一块没事聊聊天。

（9）互相认可：每个人都羡慕别人的成绩，做一些事特意让别人高兴。

（10）制造友爱和安全的家庭气氛：在外面的时候，老想着快点回家，因为回到家里我就会感觉很舒服。

在这些孩子的心中，家里不一定多豪华奢侈，但是必须要让人觉得温暖；每天吃的不一定都要大鱼大肉，但是要在一起就餐；玩的东西也不一定要多刺激好玩，但只要能和父母在一起就会很快乐……

事实上，家长可以询问孩子，"什么样的家才是你最想要的？"然后，再逐一地实现他所说的这些合理的要求，父母的这些改变会让孩子感到吃惊，他会觉得父母是疼爱自己的……父母的改变也会影响孩子的改变。

孩子人生中的第一所学校就是他的家庭，第一任老师就是他的父母，这是能影响孩子健康地发展身心的最重要的因素。

方法一：创造学习气氛浓厚的家庭氛围

老师的两个正在上小学的儿子，无论和谁聊天，他们都能说出令人吃惊的话题。

"现在严重上涨的物价，国家必须想办法。"

"姚明即使生病了还能在球场打球，真负责。"

"余秋雨的写作真是太棒了！"

……

当其他人询问老师"孩子这么的博学到底是怎么样做到的"时，老师就高兴地说："想知道答案就去我家看看。"

原来，在他们家里，杂志和各类的书籍堆满了每个角落。

想象一下，家里面是这样的氛围，孩子怎么会不喜欢读书呢？就像一位教育家说的，如果你希望把孩子培养得博学多识，就应该把家里布置得适于读书，孩子需要什么书一伸手就能拿到。

现如今，孩子的学习在每个家庭中都至关重要，家长都希望孩子将来能够有所作为。然而，家长也应该考虑，在家里的时候你看书吗？家里是否适于学习……要明白，对孩子影响最大的就是你的言行。

方法二：营造民主的家庭氛围

温馨应当存在于每个家庭当中，有的家庭往往因为缺乏民主而压抑孩子——特别是对男孩的个性发育和创造力的施展产生不利影响。

父母经常对男孩说，你要怎么做，你不可以怎么做……在这样的氛围下，孩子的性格容易走极端，要么变成书呆子，要么变得蛮横无理，因此，对男孩健康成长最有利的就是民主的家庭氛围。

平等意识在家庭教育中起营造氛围的作用。"老子说话就是天"这种传统观念家长应该尽快摆脱，与孩子是家庭成员、自己的血肉相比，更重要的是要明确孩子是一个独立的社会成员，孩子有自己的想法和主见，他强烈渴望家长的尊重。家长只有树立这种平等的思想，孩子才会对父母心生敬畏，才会不再害怕父母。

此外，不要因为年龄的缘故而对孩子隐瞒家里的事情，这样会使孩子觉得自己置身于家庭之外，孤独感也便由此产生。父母应该确保家庭成员之间的真正平等关系，要平等对待家庭成员，不要考虑年龄的因素，家庭中的每个人都应该得到大家的尊重，人人都应该有发表自己见解的权利。

方法三：营造和谐的家庭氛围

"你真没出息！""瞧你一副黄脸婆的模样，一点都不像女人！""有时间多去外面做事，别在家里显本事。"我们在生活中总能在家长的对话中听到一些类似的充满敌意的语言。可是，他们却从来没有意识到这样的家庭氛围对孩子会产生多大的影响。心理学家的一项研究显示，智商较低的孩子都是因为从小没有生活在气氛和谐的家庭中，这也是导致孩子心理存在问题的原因，而生活在气氛和谐的家庭中的孩子，心理就会比较健康。

只有在温馨和谐的家庭环境里，孩子才会天真快乐、幸福美满地生活。孩子经常和父母一起在公园散步、参加体育活动、做手工等，这样，可以使孩子接受更全面的教育，孩子对新鲜事物的求知欲也会增强。相反，要是夫妻间感情不和睦、家庭氛围紧张，孩子没有办法得到父母更好的照顾，甚至有些父母还拿孩子撒气。这种家庭的孩子常常心情低沉、精神萎靡，健康和智力都会受到很大影响。

孩子在家庭的摇篮中成长，父母的一言一行都是孩子的榜样。例如，在一个尊敬老人、爱护儿童、团结和睦的家庭氛围里，孩子能体会到一种浓浓的亲情，也会随之而感到温馨和幸福，家长忙碌的工作也会让孩子体会到生活的意义以及奋斗的快乐。

方法四：营造快乐的家庭氛围

据调查，有较高情商和智商的孩子的家庭生活一般都充满着欢声笑语。 研究人员的观点是，孩子在轻松的家庭环境下成长会扩大孩子吸收知识的范围，脑细胞的发育也会因此受到影响，孩子的交际能力也会逐渐锻炼出来。 每一个家庭都好比是一个团队，每个成员都是构成这个团队的个体。 家庭会因为每个成员的快乐而充满笑容。 反之，家庭也会因为每个成员带回的烦恼而愁云惨淡。 因此，为孩子营造良好的家庭氛围是做父母的责任。

◇ 榜样的力量 ◇

太好玩了，爸爸，我下次还要和你一起来钓鱼！

▲ 在中国人的传统观念中，父亲支撑着整个家庭，他是家庭的顶梁柱，更是家中事务的决策者。

感谢老师对戴维的辛勤教育！

▲ 母亲的素养对孩子身上的一切都有着很深刻的影响。

▲ 只有在温馨和谐的家庭环境里，孩子才会天真快乐、幸福美满地生活。

高情商家教思维

1. 作为一名父亲，您将在哪些方面做怎样的榜样去影响您的孩子？

   _____

   _____

2. 作为一名母亲，您将在哪些方面做怎样的榜样去影响您的孩子？

   _____

   _____

3. 作为父母，您经常和孩子平等交流吗？ 孩子喜欢和您说话吗？

   _____

   _____

4. 在说服孩子时，您有没有拿"别人家的孩子"的优点来比较自己的孩子？

   _____

   _____

5. 关于孩子，您让他做过哪些决定？ 结果如何？

   _____

6. 评价一下，您的家庭氛围是不是一个理想的家庭氛围。 对于培育男孩，有没有需要提升的地方？ 试着列举一些。

   _____

   _____

第四章　注重与男孩的沟通才能养育好男孩

家长请不要这样与男孩沟通

很多家长认为在与孩子交流沟通的过程中很难与孩子达成一致，所以家长时时刻刻都在和自己的孩子交流。"儿子玩起来没有时间概念的时候，我就告诉他要好好学习，否则将来没出息。""我天天照顾儿子的生活，这也算是一种和孩子交流的方式吧？""儿子做错时我总是狠狠地批评他，这算与孩子沟通吧？"

父母觉得所谓和孩子的交流就是自己对孩子的"命令""指挥""责骂""批评"。这些虽然属于沟通方式，但其作用是消极的。孩子的心灵也会因为生活在这种环境下而出现问题，甚至会把父母当成敌人。

那些经常受到父母批评的孩子，在他刚想把一个他感兴趣的话题与父母分享时，父母将他批评一顿，那么，以后他的心事再也不会告诉父母了。因此，身为父母，当孩子不愿与你沟通时，你就要想想自身的原因了，最好的办法是换一种沟通的方式。通常来讲，孩子与家长沟通困难，原因有以下两个。

（1）男孩的心理防备能力很强。很多家长觉得，我们做的一切都是为了孩子好，他们没有必要防着我们啊。 其实，正是家长"为孩子好"的心理才导致了一系列的家长无意识地伤害孩子的现象。 有个小学生的日记是这样写的：他们替我做了除了学习以外所有的事，可是他们并不了解我想做什么。他们觉得除了专心读书，其他的都不重要。

每个孩子都有很强的独立意识，若是他的独立不能被父母尊重，那么他的内心就会受到伤害从而建立防御机制，避免父母再次伤害自己。 于是就出现了冷漠、无视的自我保护方式，当然也拒绝跟父母沟通。

（2）男孩与父母很少有共同语言。 许多家长只知道要求孩子认真学习，而学习也成为每天和孩子交流的唯一话题，忽视了孩子的感情沟通的要求。

"妈妈，周董是谁你知道吗？"妈妈被问得一头雾水。"老爸，我要和小军 PK。""PK 是什么？"爸爸不解地问道。 如此，父母就被男孩认为是"老古董"，代沟也因此产生了。

方法一：不要指责孩子

"你这么大了怎么还不知道学习呢，每天就知道玩，我这么辛苦，也不知道让我省心？""你这捣蛋鬼，每天就知道给我找麻烦，能不能让我省点心！"贪玩、攻击性强、好斗都是男孩与生俱来的。 父母不应该每天把这些话挂在嘴边，它会严重伤害男孩的自尊心。 父母在男孩心里的形象也会因此受损。

男孩做错事是常有的，但有时也可能是误会，一味地惩罚责骂并不起作用。 只有耐心教导，孩子的错误才能改正。 作为父母应该恰当地引导孩子、启发孩子。

方法二：不要忽视孩子

男孩对妈妈说："妈妈，我想和同学一起去踢足球。"妈妈回答说："你想踢就和他们去踢球吧，不要来找我了，妈妈现在很忙！"男孩说："妈妈，这题我不会做，你帮我看看行吗？"妈妈答道："妈妈累了，你自己好好想想，要不明天去问问老师。"

忽视型的家长基本上无心或无能力满足男孩的需要，这些家长一般都没有意识到做家长的责任。孩子的人际交往能力会因为生活在这种环境中而变得低下，不易相信别人，不能很好地适应陌生环境。这些孩子因为自幼在情绪上不受重视，所以，会对其他人产生敌意，这显然不利于孩子的发展。

方法三：不要纵容孩子

"宝贝不要哭了，你要什么妈妈都给你。""儿子你想要什么，多贵的爸爸都给你买。"家长觉得，儿子比什么都重要，他们这辈子的所有希望都寄托在儿子身上了。所以，他们尽自己所能满足孩子所有的愿望，只要孩子觉得不满意，不管用什么方法，他们都会按照孩子的想法来使他们满意。

上述做法，看似是父母在用心呵护孩子，可实际上，这类父母是在不知不觉中失去了作为一个家长的作用。在这种家庭环境下长大的孩子，往往会出现以自我为中心的自我状态，容易冲动且没有自制的能力，并缺乏为他人着想的能力。

方法四：不要"包办"孩子

孩子对妈妈说："妈妈，我的脏衣服还没洗。"妈妈回答："搁在那吧，妈妈一会给你洗。"孩子对爸爸说："老爸，我们学校组织夏令营，我要带些什么呢？"爸爸答道："爸爸给你准备吧，你不用管了。"这种类型的父母过度地照顾男孩的生活，也不能算是合格的父母。因为他们不重视孩子的情感需求，也忽略了孩子交往需要，自立需要等。

虽然这样的父母为了孩子做了很多事情，但孩子往往体会不到，因为在骄纵和惯养下培养出来的孩子一般都自私、不知道感谢父母。

父母这样说，男孩才会听

如何教导男孩，已经成为许多家长的一块心病，家长需要知道的是：他们怎样表达才能让孩子更好地接受，才能让男孩切实地理解和明白呢？ 的确，与女孩相比，男孩在沟通方面要难得多。 父母和孩子交流的时候，男孩总是表面上点头敷衍，但实际行动上却与说的话背道而驰。 男孩也不屑父母用家长的姿态来压自己，男孩最厌烦父母和自己讲大道理……

考试结束了，男孩一进门就把考卷扔在地上，转身摔门进屋了。妈妈一看到卷子上的 58 分立刻冲着孩子的房门喊道："考这么差还有脸发脾气，你是不是又欠打了？"

儿子因为爸爸出差回来忘记给自己买礼物而生气不肯吃饭。看到儿子因为这件事就不吃晚饭，爸爸的火气顿时上来了："不就是忘记给你带礼物了吗，学习怎么没见你这么上心啊？"

这样的场景在生活中我们屡见不鲜，孩子不高兴的时候，家长不但没有理解自己的孩子，反而对孩子进行说教。家长这样做的后果是什么呢？除了让自己和儿子之间出现越来越多的沟通障碍之外，别无其他。

事实上，家长和孩子交流的时候只要掌握一点小的技巧，孩子就会更容易接受。男孩要在周六的早上去上书法课，可他却赖在床上怎么也不起来，往被子里一钻，不高兴地说："我不就是少去一天吗，我想睡觉，不想去了！"

此时，妈妈耐心地坐在床边和孩子说："你要是不起床我刚买的蛋糕你就吃不上了，这周的课还要占用下周的时间来补，本来想带你去游乐场的计划也就取消了，真可惜。"这个时候，男孩会慢慢地把小脑袋伸出被窝，对妈妈说自己马上就起床。世上并没有不听话的男孩，只是因为家长缺乏很好的和孩子交流的方法。交流方式的好坏决定了父母和孩子的关系是否融洽。

如果男孩总是不能听从教导，检查自己说话的方式方法是家长应该做的，此外，还要掌握一些与男孩沟通交流的诀窍。实际上，男孩会因为父母说话的技巧而转变自己的态度。

方法一：不说"但是"

这样的交谈总是出现在爸爸和孩子的对话中。孩子："爸爸，我这周末想去游乐场。"爸爸："爸爸知道你周末不用上课很想出去玩……"话说到这里，孩子总会露出幸福期待的样子。可是爸爸却说："但是，这周不能去游乐场，你要在家学习。"本来是充满期待的孩子，立刻像是被泼了一盆凉水而变得无精打采……

就是"但是"这两个简单的字，男孩就由原先的兴高采烈变成情绪低落，"但是"真的有这么大的作用吗？答案是必然的。心理学上讲，有个极其重要的避免亲子矛盾冲突的方法，就是避免说"但是"二字。有些家长的确花费了很多心思学会欣赏赞美自己的孩子，可家长的欣赏总是会被"但是"二字弄得烟消云散。

假如家长说："和同学在一起玩是一件很开心的事情，但是我们还是要先以学习为重。"这样的话在孩子的心里，他们会觉得家长的意思是要孩子以学习为重。如此，家长对孩子的赞美欣赏就被一笔勾销了。

那么，孩子更愿意接受什么样的表达呢？有个很好的方法是把"但是"换成"如果……就更好"。例如"想和同学们在一起玩是件很好的事情，如果你能先把作业完成，那不就更好了吗？"孩子不会因为家长这样说而误解，反而还会先完成自己的家庭作业再和小朋友出去玩。

方法二：用孩子的语言回答孩子的问题

男孩都有强烈的好奇心，每个小男孩脑袋里都会有好多"为什么"等待着解答，家长千万不要厌烦孩子问这些可笑的问题。家长与孩子能够融洽沟通的方式之一，就是安静耐心地回答。男孩愿意接受的方法才是最好的方法。

假如家长总是用孩子般的语言来回答孩子提出的问题，那么，他们会更愿意和家长沟通，有时也会和家长说他们的小秘密。

倾听男孩的心声

男孩活泼好动，但有的时候也会一反常态，自己坐在一边不说话、无缘无故地乱发脾气。父母不要因为孩子的反常行为而觉得奇怪，事实上在每一个男孩"古怪"行为的背后都会有一个缘由。他们可能是用这种方法来宣泄自己的负面情绪，也可能是在引起父母更多的关注来帮助他们更好地排解情绪。这时父母要做的就是支持和倾听他们的想法。

但是，许多父母都忽视了这一点，没有对孩子做到理解和倾听，父母觉得："一个男孩，怎么会有这么多事！"甚至有的时候父母会不顾男孩的感受。男孩一身泥土，脸上还挂着伤痕，气冲冲地跑回家，边跑边说道："明天一定不要让我遇到他，要不我会和他拼命的。"

看到孩子这样，父母肯定能猜想出，孩子又和同学打架了。此时父母应该做什么呢？可能很多家长都会说这样的话："是不是和同学打架了？我警告过你不许和同学打架，跟你说多少遍你都不听！""你是不是只会惹是生非，今天的晚饭就不要吃了！""就知道打架，你还会点什么！"

孩子看到父母这样的态度，即便男孩在外面受到了委屈，即便他想和父母说些什么，但听到父母这些话便顿时失去了想和父母沟通的欲望。之后父母就算想知道发生了什么，男孩也不会和父母倾心相告。

事实上，大多时候，男孩情绪不好时，并不是想让父母替他们解决所发生的种种问题，而是更希望父母成为他们最好的聆听者，认可他们当时的情绪。男孩的情绪会因为父母的认可而消减一大半。例如，同样是对待男孩与同学打架这件事情，让我们看看这位家长与男孩的交谈：

> 男孩说："我很不高兴，我再也不和小 A 玩了！"家长说："怎么了？看来小 A 很让你生气啊。"男孩说："对啊，我们打架了。"家长说："打架的原因能和妈妈说吗？"男孩说："其实也没什么大不了的，就是他弄坏了我最喜欢的漫画书。"家长说："那你肯定很生气。"男孩说："对呀，但是我知道我也有些不冷静……我明天应该好好和他谈谈。"

当情绪能得到家长认可的时候，这个冲动的男孩很快就平静了下来。此时，不需要父母的帮助，他也可以自己找出解决问题的对策。孩子的成长是一个漫长的过程，他可能时时刻刻都会遇到困难，他的情绪会因为遇到的问题而产生很大的波动。

因此，一会儿高兴，一会儿失落，这对于一个正在成长的男孩来讲是再正常不过的了。这时候的男孩希望自己的感受可以被他人理解。 这时的男孩并不需要一个评判家、引导者，而需要的是一个耐心的、像朋友一样的聆听者。 父母必须要明白这一点，倾听孩子之所想，要让孩子觉得你理解他、支持他。 通过倾听这个举动以表达家长对孩子无私的爱，让孩子感受到温暖，感受到父母永远是他灵魂的家。

对孩子的倾听能让孩子感受到，父母已经像对待"大人"一样尊重他们了。 这样，父母也会知道更多孩子的想法。 因此，对于一个聪明的家长而言，一个高明的"倾听者"远胜于一个高明的"说教者"。

方法一：用正确的方式倾听

一个男孩经常和同伴抱怨："跟父母讲话一点意思都没有，他们总是不能专心听我说话，有时候我都不知道他们有没有在听我说话，他们的眼睛从来没看过我。"确实，如果家长总是以一副家长式的、盛气凌人的姿态和男孩交流，男孩就会对家长产生厌烦，之后便什么也不会和家长说了。 可是，父母应该以一种什么样的方式来倾听孩子说话呢？ 一般来说，父母应该有正确的聆听姿态。 以下三点是父母在倾听孩子说话的时候应该做到的：

一是"停"。 不光手停，心理上也要停。 就是父母要在短时间内放下现在正在做或者正在想的事情，给孩子留有表达的空间和时间。

二是"看"。 对孩子的非语言信息进行观察，诸如面部表情、肢体语言等。

三是"听"。 认真倾听孩子说的话，同时也要对孩子进行引导，比如"你觉得老师做得不公平吗""你很生气是因为老师这次冤枉你了，对吗"等，让孩子把自己的想法说出来。

此外，在倾听孩子说话的时候不光姿态要正确，还要表现出对男孩聆听的兴趣。"知道了，早就猜到了，少烦我""该干吗干吗去吧，没有工夫听你胡说八道"……如果这些话总让孩子听到，那么孩子肯定不会再向父母表达自己的感受了。因此，当男孩和你说某件他觉得很有意思的事情时，家长一定要很认真地听，并且一定要让孩子觉得自己很认真。那么，家长该如何对孩子所说的话题表现出兴趣呢？

一是通过表情来使孩子觉得自己在认真听他讲话。例如，面对孩子的时候一直面带微笑，并时常做出惊讶的样子。二是通过语言来表达。在孩子说话的过程中，用一些简单的语言，例如"真是太棒了""这是真的吗""我们想的一样""你能有这种想法真好，继续下去""我都不敢相信"等，用这些话来表现出你有兴趣。

不管你觉得男孩说的话题有多么简单，如果你能表现出一副很感兴趣的姿态，那么兴趣就会很自然地流露出来。如果你对男孩说的话没有任何反应，就会让男孩胆怯并且十分失望。逐渐地，他就会变得对所有的事情都漠不关心。那些在课上愣神、默默无言的孩子，很可能在儿时缺少好的聆听者。

方法二：再忙也要听你的男孩说话

"我妈妈从来都不爱听我说话，她只是会跟我说她很忙！""我们家人很少一起聊天，家里的每个人都在忙，在家特别无聊！""我跟我爸爸从来都没话可说，他好像也不喜欢跟我聊天，我就只能上网跟别人聊天了。"

事实上，在孩子的心里，他们很愿意和父母交流。每当孩子遇到开心的事情，总是能先想到和父母分享他的快乐；遇到不开心的事情也想让父母帮助自己。可是，大部分家长都没有和孩子沟通的习惯，他们通常都说："我这么忙，怎么会有时间听孩子说话。"如果这种观念不改变，随着时间的推移，父母与儿子之间的代沟会逐渐加深。

公益广告"每天空出十分钟，倾听孩子心底梦"，简单易懂地道出了家长要善于聆听孩子心声的重要性。对于很多家长，每天抽出十分钟的时间应该是一件很容易做到的事情。家长可以在饭桌上和孩子聊一聊今天的见闻，当然最好不要提学习成绩方面的；妈妈可以在孩子睡前听听孩子的心里话……帮助孩子成长的一个很好的方法就是聆听孩子的诉说，所以家长应该重视这件事。

方法三：不要打断孩子的话

有一次，爸爸请了一个驼背的孩子来家中做客。在这之前爸爸曾多次告诫儿子昆昆一定不要提及与驼背相关的话题，避免小朋友的自尊受到伤害。昆昆很乖，一直和这个小朋友玩得很开心。爸爸从厨房拿了两瓶果汁，刚回到客厅就听到昆昆问这个小伙伴："你知道自己驼背的原因吗?""不清楚。"小朋友用很小的声音回答。

爸爸突然紧张起来，想去阻止儿子的追问，但最后还是忍住了，爸爸想知道儿子接着会说什么。"因为会有翅膀从你的背上长出来。"昆昆轻轻拍着那个小伙伴鼓起来的后背说，"老师讲过，天使降落在人间，就变成了驼背的孩子，他们的后背之所以是驼的，是因为翅膀还没有钻出来。可是总会有一天背上会长出翅膀的。"

"是这样吗？太棒了！"昆昆的话让那个驼背的孩子高兴地欢呼起来。

昆昆的爸爸很庆幸自己没有鲁莽地打断儿子的话。孩子的心都是善良美好的，当他们在表述自己的奇思妙想时，做家长的千万不要轻易打断他们。如果家长粗鲁地干涉，孩子会觉得家长不尊重自己，更有可能让孩子拒绝和家长进行沟通，从此关闭心灵的大门。

方法四：倾听男孩的壮志豪言

"妈妈，我有个秘密告诉你，老师今天讲了一个关于外交官的故事，那个外交官特别神气，还特别厉害！我长大以后也要像他一样！"男孩手舞足蹈地把自己的小梦想偷偷地告诉了妈妈。可没想到妈妈却说："就你那英语水平还是别瞎想了，好好学习吧。"听妈妈这样说，男孩很沮丧，之后对当外交官的事闭口不提。

一名未来的外交官可能因为家长的一句话就这样泯灭了。而且可以肯定的是，这个男孩从此之后不会再和他的妈妈说起自己的梦想与目标了。很多家长都认为男孩喜欢吹牛，但这往往是男孩宏图远志的一种表现。也许孩子不知道自己的梦想遥不可及，可这种想法确实在他脑子里产生了。在这个时候，家长首先要认可他的豪言壮志，其次再帮他分析，告诉孩子只有认真学习知识，才有实现自我梦想的可能。孩子会因为家长的鼓励而产生勇气，从而向着更为现实的理想而前进。

尝试多渠道与你的男孩沟通

好奇是男孩的天性，他们往往会将很大的热情投入到他们觉得新鲜的事物中去。父母可以根据男孩好奇的这一特点找到和孩子交流的渠道，让男孩感受新鲜事物的同时还能尽快地接受你告诉他的经验。

一提到与男孩的沟通，家长首先想到的便是语言类的谈话——和孩子交流、了解孩子的想法、对孩子的优点进行表扬，对其缺点进行批评……可是，男孩往往已经厌倦了这些习以为常的说教方式。所以，不管家长怎么苦口婆心地说，男孩依然视而不见、不知悔改。由此看来，与孩子的沟通只靠语言交流是不够的。

男孩不听话，问题多半是出在父母身上，因为父母不能很好地和孩子沟通。实际上，有很多种方法可以与男孩进行有效的沟通，只要家长肯花时间和孩子沟通就能够起到很好的效果。

方法一：不要忽视小纸条的作用

很多家长都不能很好地表达出自己的情感，特别是对十几岁的男孩，家长很难和他们正面进行交流。这个时候，想让孩子明白自己对他们的爱可以借助写小纸条来完成。

因为工作忙，小风的妈妈没有时间关心小风的学业，总是不能及时地辅导监督他完成作业。每到这个时候，小风的妈妈就会在小风的桌子上放一张纸条，妈妈在纸条上写着："宝贝，妈妈为你准备了今天应该复习的单词，你作业写完后就复习这些单词，妈妈一直陪伴在你身边。永远爱你！"

每天纸条上的内容没什么差别，但是小风的妈妈总会变换纸条的形式，会在纸条上画不同的花边和图案，每天都会让小风惊喜不已。小风经常和同学说："看到妈妈给我留的纸条，就感觉妈妈在我身边陪着我学习一样。"

给男孩写纸条，既能表扬鼓励男孩，还能帮助他纠正自己的错误，孩子也比较容易接受。

方法二：用信件表达对儿子的爱

父母在教育男孩的过程中经常会发生这样的状况：想和男孩说很多话却不知道该怎么提起。尤其是在遇到一些敏感的问题的时候，父母不知道应该对他说什么，更不知道应该用哪种方式来说。

例如，当和孩子发生冲突的时候，很多家长都不愿意把孩子当成同龄人一样来交流，是因为他们在孩子面前放不下面子。如此，写信就是一个非常好的沟通方式。把自己想的在信中告诉孩子，告诉他你批评他的原因，让孩子知道你是爱着他的。在孩子读到这些的时候，他一定能感受到来自父母的关爱，同时也能体会到父母的良苦用心。

一位妈妈注意到儿子的写字姿势不正确，有时眼睛离书本还不到十厘米，并且完成作业的效率不高，每天要到很晚才能做完作业。这位妈妈因为语气太过于强硬，态度过于严肃，导致儿子不愿意听妈妈的唠叨而躲进自己的小屋子里。

次日，儿子没和妈妈说一句话就去上学了。妈妈很担心自己的儿子，于是给儿子写了一封道歉的信。当儿子看到妈妈写的道歉信时，也知道自己错了，便对妈妈说："妈妈，我也有不好的地方，我不应该不理你。"

方法三：用网络聊些男孩感兴趣的话题

尽管同样是在家里，爸爸却喜欢和小光在网上聊天。爸爸说：听说你们班有个新转学的学生，长得还不错。男孩说：是啊，不过那要看和谁相比了，跟我比还是差那么一点点的，嘿嘿！爸爸说：可是听说他的成绩也很好。男孩说：的确是这样，不过凭我的实力，他是不会超过我的。

事实上，只要从男孩感兴趣的话题切入，他们是很容易和父母沟通的。通常来说，十几岁的男孩正是发展社交能力的时候，这个时候，家长可以借此机会多和他们聊聊关于同学和朋友的事情。 并且，QQ 语言的灵活多样有助于拉近和孩子之间的距离，增进亲子关系。 因此，如果家里有条件的话，父母不妨通过 QQ 和儿子成为好友，或者定期和儿子写邮件，增加彼此的沟通和交流。

不在气头上说话

    小飞的妈妈正在客厅接待客人，小飞忐忑地拿着试卷过来。"这么低的分数！你还好意思拿给我看？"妈妈甩着手中薄薄的试卷，看向小飞。客人觉得气氛有些尴尬。

    "还不赶紧给我看书去！我怎么生了一个这么笨的儿子！"小飞站在一旁没有动，妈妈生气地说："我说错你了吗！你不还一直都这样，总也改不了！我对你都失去信心了！"妈妈气愤之极的态度让小飞觉得很难堪。客人中的一位说道："孩子还小，一两次发挥失常也是正常现象，别这么对待孩子。"

    妈妈对客人说："好好跟他说他总也不懂，非要让我骂他两句他才明白！不说他不长记性，就像我上次跟他老师说过一次他尿床的事情，后来他不是就改了吗？这么大了，我都替他丢人。"作为孩子的父母都觉得丢人，更何况还是一个孩子的小飞呢，既要听着妈妈的唠叨还要在众人面前丢脸。"你自己想想，笨手笨脚的还总是忘东西，上次就把水杯摔了，这次又把鞋丢了。你哪件事办好了？"当着这么多客人，妈妈的嗓门越说越高。

在孩子面前，家长要记住：孩子和大人一样，都渴望得到尊重，都有颜面。

让我们来假设一个场景，在一个重要的舞会上，有一个人突然当着全场同事们的面说"你跳舞比大象跳的还难看""你唱歌一点也不好听"的时候，你会有什么样的反应？事实上，你在大庭广众下揭露出孩子的短处时，他和你们一样难堪。人都会犯错误，家长的不宽容会成为男孩日后刻薄的"榜样"，男孩长大后也会向家长一样有很多要求。在众人面前不给男孩面子，男孩很容易自卑，挣脱不出家长对他们定位的形象。

并且，家长生气时说的话，会歪曲孩子认识的世界。在孩子年龄还小的时候，他们都是通过家长的表述和行为来对这个世界有所认识，来巩固和完善对自我的定位和判断。在孩子认识世界的过程中，家长的当众批评会导致孩子误入歧途，会让孩子认为这个世界对任何事情都斤斤计较，这样会伤害到个体的自尊，孩子在以后和他人的交往中也会带着这种观念，甚至在他有了家庭之后，这种教育模式也会延续。

最后，孩子幼小的心灵会因暴露在众人面前而感到恐惧。爱孩子就不要总是唠叨他，尤其在大庭广众下。当孩子犯了错误的时候，家长不妨换一种其他的解决方式，这远比批评和斥责更为有效。要让孩子清楚知道自己哪里错了，他要学会对自己的过错负责，这样既平息了他的愤怒，还建立了他的责任意识。

著名的教育学家洛克曾经说过："父母不宣扬孩子的过

错，其实是对他们尊严、名誉的一种看重，因此孩子也会更加珍惜别人对他们的赞扬。假如父母当众揭露他们的过失，他们会觉得很难堪，认为自己的尊严受损，那么维护尊严的意识也就会日趋淡薄。"

在教育孩子的问题上，父母的态度和他们的出发点会决定教育的结果，不要认为孩子是我生的，想怎么说都可以。或许因为你无法控制你自身愤怒的情绪，从而导致孩子受到伤害。孩子的心是玻璃做的，碎了无法复原，而你带给他的伤害也永远不会抹平。

事实上，有的家长也懂得他们不能伤害孩子敏感的自尊心。可是每次看到孩子不知悔改就总会说两句。那么应该怎样避免这种状况呢？很容易，生气的时候你要先忍住怒气，离开孩子所在的地方。当你看不见孩子的时候也就不会出言责怪了，也只能出此下策了。总之，父母一定要在生气的时候管住自己。

告诉孩子"你并不孤独"

父母的关注是孩子所期望的，但有时却很难得到关注。一定要清楚一点，不论你有多忙也要花些时间和孩子在一起，你的关注在教育孩子方面会起到很好的作用，有你陪伴的几个小时会影响到孩子一生的路。

父母再忙每天也要花时间陪孩子，来满足孩子对亲情的需求。研究发现，父亲平均每天花上两个小时陪伴的孩子要比其他孩子智商高。

"自己在家很寂寞"，恐怕许多独生子女都会有这种感觉和心理，而父母因为工作忙不能陪孩子的状况也越来越多。大多数父母认为给予孩子物质上的满足，孩子就会幸福。

事实上并不是这样，孩子的幸福绝不仅仅是物质上的满足，更是对孩子精神上的沟通与关注。父母每天花时间陪孩子，才是对孩子精神上沟通最好的方式。实验证明，每天都抽出一些时间和孩子一起玩耍的父母在自己的孩子面前会比较有威信。

"父母工作再忙也要抽出时间陪一陪孩子。你完全可以把孩子交给老人或你雇来的保姆，但你在孩子心里的地位是任何人都替代不了的。 不要用工作当借口，一定要多和孩子谈心、沟通。"一位职场妈妈这样说道。 她和丈夫都在忙自己的事业，孩子很小的时候就被他们送回老家。 孩子得到了很好的物质条件，可精神方面的需求却被家长忽视了。 孩子长大后，他们的时间也多了，但他们却失望地发现：孩子根本不愿或者不会和他们沟通。

　　"情感饥饿"这个名词是指那些从小就缺乏父母关爱的孩子。 他们和其他孩子不同，撒娇任性是他们的特点，他们偶尔还会做出一些别人没法理解的行为，他们在做一件事的时候喜欢用自己的眼睛看别人。 归根到底，孩子这样做只是想引起家长更多的注意，以获得大家的重视。 家长在发现孩子具有这类行为之后，一定不要盲目地责骂他们，而是要反思自己是不是有的地方做得不好，审视一下自己是否真的忽略了孩子的情感需求，是不是应该多花些时间陪孩子，让他们感受到你对他们的关注和关爱。

　　身为父母，不论工作多忙，每周或者每天都要抽出一点时间来和他们沟通、交流，陪孩子一同长大。 这不但能给孩子带来快乐，更重要的是，还能让孩子感受到他对你而言有多么的重要。 有这样一句谚语"一位好父亲胜过一百位老师"。这句话形容马克思是最好不过了，虽然他将一生都投入到了为人类的解放事业而进行的不屈不挠的斗争中，可是父亲应尽的责任和义务他一刻也不曾忘记。 女儿爱琳娜回忆自己的父亲时曾深情地说："他像朋友一样陪伴在我们身边，在我们遇到困难时总是给予帮助。"

不要随意打断孩子的叙述

孩子的心里都有想和父母说的话，作为家长一定要学会聆听，这样才能真正地读懂孩子、更好地理解孩子，促进亲子关系的和谐。

小东今年上三年级了，老师发现最近小东有了变化。从前活泼好动的他，现在变得寡言少语，总爱一个人发呆，学习成绩也大不如从前了。老师在了解之后发现了原因。

小东以前活泼开朗，每天回家之后，他总会和父母聊好多学校发生的事情，可是小东的父亲对他很是严格，他把所有的希望都寄托在小东的未来上，希望小东能有很好的发展，因此，他对小东的学习要求也越来越严格。他认为小东说的都是废话，所以每当小东高兴地和父亲聊起学校的事情时，父亲总会打断他说："整天就会说这些没用的话，你要是能把这些心思放在学习上，成绩不知道能比现在好多少，还不快去看书！"一次，小东高兴地说着班里一件趣事，父亲说："你都说了很多次了，不让你说这些废话，你就是记不住，以后再说就打你了！"小东被父亲吓得一句话也不敢说，径直回到房间去了。

逐渐地，小东在家里就不怎么说话了，每天放学后都窝在自己的房间里面，父亲也只让他在家里做功课，渐渐地也就改变了他的性格。亲子之间的交流会直接影响到亲子关系，影响到孩子的性格发展。与孩子的交流是很多家长都忽视了的，久而久之，不良的影响就显露无遗了。

父母在日常生活中都对孩子照顾有加，可在尊重孩子方面却做得远远不够。当孩子遇到问题和父母说的时候，父母稍不顺心，就会打断谈话。很多家长都不听孩子把话说完，因此孩子只能把话藏在心里。调查研究显示，七成以上的父母没有足够的耐心听孩子讲完话。

父母不重视孩子的想法，他们只能把自己想说的话咽回去，孩子的思想父母也很难了解，这样任何的教育方式都会无济于事。父母不尊重孩子的想法，时间一长，孩子与父母之间就会产生消极的情绪，更会导致双方的不信任。

调查显示：儿童心理问题受家庭因素影响的比例很大，特别是与父母对孩子的教育和沟通方式方面不正确有关。此外，父母不尊重孩子说话的权利，一方面影响了孩子语言表达能力的提高，另一方面也促使孩子自卑心理的产生。孩子的社会交际能力和语言表达能力可以在和父母的倾诉中得到提升。

我们都希望别人可以耐心听自己说话，在绝大多数情况下，人和人之间无法沟通就是因为双方都不愿意听对方把话说完。 假如父母可以尊重孩子，不盲目地打断孩子的谈话，那么孩子就会更加乐于向父母倾诉，从而有效地促进父母与孩子之间的良好沟通。

用心聆听孩子的心声并解决孩子的疑虑对增进亲子关系有很大的好处，孩子的自信和安全感也可以这样加强。 要引导孩子对他人的谈话方式感兴趣，对他人的谈话内容感兴趣，对少儿节目感兴趣，对方言和他国语言感兴趣。 如果孩子可以专注地看电视，或者听一个节目，这表明孩子已经养成了聆听的好习惯。

一位母亲这样问自己 5 岁的儿子："如果你和妈妈一起出去玩的时候渴了，但又找不到水，这时你发现自己的书包里有两个苹果，你会怎么办啊？"

儿子说："我会把两个苹果都咬一口。"

虽然儿子年龄不大，不懂得世事，但妈妈面对这样的回答多少有些失落。她本来想教育孩子不应该这么做，但是就在她刚要训斥孩子的一瞬间，她又改变了主意。

母亲笑着问孩子："儿子，那你能告诉我为什么要把每个苹果都咬一口吗？"

儿子睁着大眼睛，认认真真地说："因为我想给妈妈吃最甜的那个！"

母亲听了眼里闪着泪花，她为自己有这样一个儿子而感到骄傲，并且也在庆幸刚才没有鲁莽地斥责孩子。试着想一下，假如母亲在孩子说到一半的时候就对孩子进行教育，这样会对孩子那颗纯真的心造成什么样的伤害呢？了解孩子的最好方法就是倾听，只有家长认真倾听孩子的话才能真正地走进他的内心世界。除此之外，家长应当采取多种变通的方式来和孩子交流。身为父母，要细心、耐心地听自己的孩子的倾诉。父母应当学会打心眼里尊重孩子，这样才能营造出更加轻松愉快的交流环境。

不论你的工作有多忙，在孩子和你沟通的时候，一定要和孩子有眼神的交流，不要随意插话，要让孩子觉得你是有兴趣听他说话的。让孩子完整地清楚表述他们的观点，如果他的看法和你的相悖，应该告诉他你不赞同他的观点的理由。不要把你自己的意愿强加到孩子身上。即使孩子说话时语无伦次，你也要克制住自己的脾气，清楚了解孩子在想什么，之后再下结论。

看到孩子眼里的重大事件

能做自己想做的事情，对孩子来说就是最大的幸福了。假如父母可以读懂孩子，让他自由地发挥，那么他一定会给父母带来意外的惊喜。

每个喜欢篮球的人都知道乔丹。乔丹小的时候就对篮球产生了浓厚的兴趣，打篮球是他每天最喜欢做的事情。有一次，他把自己热爱篮球的小秘密告诉了妈妈："妈妈，我知道自己喜欢做什么了，我特别喜欢打篮球，我想每天都能打球，我长大后要成为 NBA 的球员，成为球星！"母亲听后，对他能找到自己热爱的事情感到非常骄傲："听上去很不错，儿子，我真是为你感到自豪，妈妈永远支持你！"从此以后，母亲不断鼓励他，让他向着自己的目标努力。

母亲的鼓励，促使小乔丹每天都精神百倍地在篮球场上练习，好像永远不知道疲惫，那时他的球技在同伴中已经是最好的了。几年之后，他精湛的球技引来了更多人的关注，乔丹成了 NBA 的著名球星，多年的梦想终于实现。

和儿时的乔丹一样，几乎每个孩子都会在这一时段有自己喜爱的事情，也许和他的兴趣有关，也许源自梦想。但是，父母有时会多多少少地压制自己孩子的兴趣和梦想，有时父母的话甚至会使孩子的梦想瞬间化为乌有。事实上，很多父母并不在意孩子感兴趣的事情，有些父母甚至打击自己的孩子，他们认为只有成绩才是衡量一个孩子好坏的唯一标准。假如你不认可孩子的兴趣，你会怎么处理呢？支持孩子自己做自己喜欢的还是强加给孩子你的意愿？不要忘了，这都是你对孩子教育方式的体现。

孩子最好的老师其实是兴趣，这是一句非常通俗易懂的道理。不管孩子的兴趣是什么，家长都应该给予孩子鼓励。鼓励孩子勇敢地做自己想做的事情，此时，孩子就会有动力，就算是面对各种困难他也会自主地想办法解决。

面对孩子自己喜欢做的事情，很多家长会担心，事实上家长完全没有必要。实验显示，孩子的潜力总会蕴藏在他们喜欢做的事情中，孩子会因为喜欢而有动力去做这件事。一个对某件事有热情的男孩，会很容易成长为一个健康的男孩。只要家长支持他去做喜欢的事情，鼓励他去做喜欢的事情，并帮他挖掘他的潜力，就能让孩子健康快乐地成长。

◇ 保持良好沟通 ◇

我不就是少去一天吗？我想睡觉，不想去了！

你要是不起床，我刚买的蛋糕你就吃不上了，这周的课还要占用下周的时间来补，本来想带你去游乐场的计划也就取消了，真可惜。

▲　世上并没有不听话的男孩，只是因为家长没有找到很好地和孩子交流的方法。

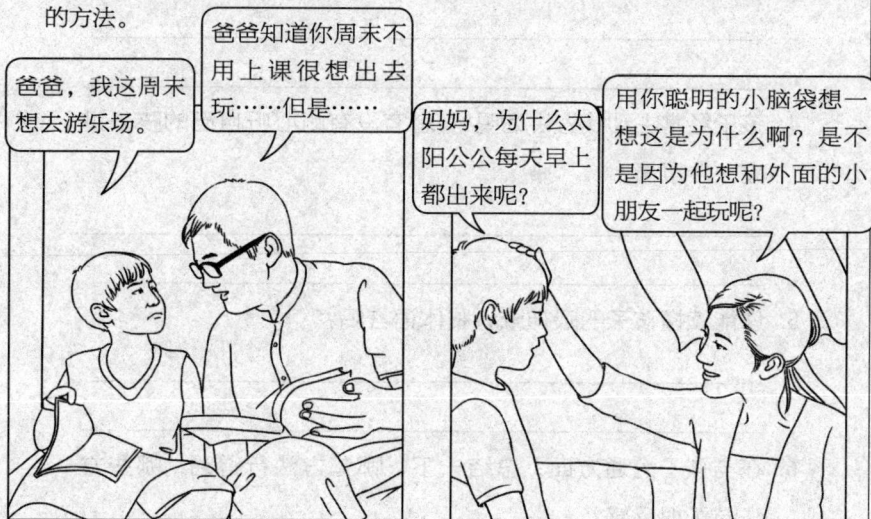

爸爸，我这周末想去游乐场。

爸爸知道你周末不用上课很想出去玩……但是……

妈妈，为什么太阳公公每天早上都出来呢？

用你聪明的小脑袋想一想这是为什么啊？是不是因为他想和外面的小朋友一起玩呢？

▲　有些家长的确花费了很多心思学会欣赏赞美自己的孩子，可家长的欣赏总是会被"但是"二字弄得烟消云散。

▲　假如家长用孩子般的语言来回答孩子提出的问题，那么，他们会更愿意和家长沟通，有时也会和家长说他的小秘密。

高情商家教思维

1. 作为家长，您觉得您与孩子沟通顺畅吗？

   _____

2. 您希望孩子听您的话吗？ 可否站在孩子的立场上换位思考一下您说的都可行吗？

   _____

   _____

3. 有没有试着用孩子喜欢听的方式与孩子交流？ 有时候家长说的话，孩子不一定听得见。

   _____

   _____

4. 孩子经常主动找您讲话吗？ 您有没有耐心听自己的孩子讲完一件事情？

   _____

   _____

5. 您能读懂孩子的眼神或者肢体语言吗？

   _____

   _____

6. 在与孩子沟通方面，总结一下，哪些方法行得通，哪些方法孩子很反感？

   _____

   _____

第五章

鼓励男孩参加社会实践

鼓励男孩勇于实践

　　好动是男孩与生俱来的特点，他们总是有旺盛的精力，实际上，这并不是一件坏事，因为他们爱冒险是有原因的。 男孩体内的睾丸素使他们天生热爱冒险。

　　克拉克成了牛津大学的教授，希望自己能像英雄那样改变世界，拯救世界，为全人类作贡献。来自非洲的他清楚地知道，必须接受最好的教育才能实现自己的梦想，只有在美国才能得到他想要的教育。

　　可是，他家距离美国有一万公里远，他很穷，甚至连路费都掏不起。并且，他都不知道自己要上哪所学校，也不知道有没有学校会要他。

　　但克拉克还是怀揣着梦想踏上了征途。他从家乡走到开罗，再从那里坐船去美国，去读自己的大学课程。他一心一意地想着去那里改变命运，把其他的一切都抛在脑后了。

　　非洲的土地崎岖不平，行走十分艰难，整整 5 天他才走了 40 公里。食物没了，水也马上就喝完了，并且身上连一块钱都没有。想要走到美国简直是梦里才能完成的事儿，可克拉克明白自己不能回头，回头就代表着他放弃了自己的梦想，也意味着他将重新回到过去毫无意义的生活。

他对自己说：除非自己死掉，不然无论如何也要到达美国。有时候他和陌生人一起行走，但大部分还是自己单独行走。每天都露宿在野外，天为被，地为床就是他的处境。一路上他靠野果和其他可食用植物来充饥。因为旅途艰苦，他变得瘦弱起来。

克拉克因为环境恶劣曾经也想过要放弃。他想："比起这愚蠢的冒险，回家可能是个更好的选择。"但是他没有，而是把他随身带着的两本书打开，看着那些自己熟悉的话，重新拾起了信心，继续自己的旅途。克拉克得有护照和签证才能到美国去，如果想得到护照必须出示准确的出生证明，最悲惨的是，还要有财产证明才能拿到签证，表示拥有往返美国的费用。克拉克只好硬着头皮给曾教过他的传教士们写了封求助信。克拉克通过传教士寻找的政府帮助而拿到了护照。可是，克拉克还是不能证明有往返美国的费用。但克拉克没有沮丧，继续踏上了征途，他相信自己的能力，总会得到这笔钱。

几个月后，他前往美国求学的事迹渐渐被人们知晓。在非洲大陆上，关于他的事已经人尽皆知。当地市民和斯卡吉特峡谷学院的学生们，捐赠了640美元给他，作为他往返的路费。当克拉克得知他们对他的帮助时，疲惫的他跪在地上，脸上写满了喜悦和感激。

历时两年多，克拉克终于在1960年12月，历经千辛万苦后站在斯卡吉特峡谷学院的大门前，手里捧着两本一直陪伴着他的书，他骄傲地成了这所学校的一员。

冒险对于男孩来说其实是一个锻炼自己的机会。远见卓识是一个男孩应该具备的，而要想成功就要亲身经历很多事，这样自己的阅历才能够丰富。作为男孩的父母，应该鼓励自己的孩子走向外面的世界，拥有更广阔的天空。

冒险是男孩成长过程中的催化剂。它可以使孩子一步步走向坚强，其一连串的冒险更好地诠释了人生的过程。男孩就是在不断地历练中锻炼了身体、增强了体魄，并提高了智慧，最终形成创新的力量。

家长要从小培养男孩的冒险精神。作为父母，应该鼓励孩子做各种有益的游戏，给予孩子最大的鼓励去经历和体会不同的事物。不要担心孩子会摔倒，你要相信，孩子会通过自己的努力爬起来，并走得更稳；同时也不要害怕孩子会受到伤害，因为只有经历过挫折的孩子的性格才会更坚毅。

父母应该鼓励孩子去探索新鲜事物，尝试做一些没做过的事情，千万不要对孩子的各种尝试颐指气使，要让孩子多开阔眼界，同意孩子一起结伴去郊游或参加探险活动，让孩子自己去战胜困难，不要一味地阻碍。

允许男孩参加社会活动

人活在这个世界上是要与人交流的，他不是单一的个体，迟早要进入社会的熔炉，因此不要总是让男孩拘泥于学校和家庭的管教。假如孩子可以提前和社会接触，不仅可以积累更多的人生经验，还可以学到很多课堂里学不到的知识，他们的阅历也会因此丰富，眼界也会更开阔，尤其能为他们将来进入社会提供宝贵的经验。

方法一：鼓励男孩义务献血

无偿献血可以挽救他人的生命，虽然献血者不会得到多么大的回报，但无偿献血是无私的行为，是非常值得我们鼓励和尊重的行为，无偿献血与金钱无关，但是可以培养男孩的社会责任感。

无偿献血是一项公益事业，人们都应该积极加入献血者的行列中。假如自己的血液可以挽救另一个人的生命，这件事一定会让你感觉到无比的幸福！再说谁能保证自己不会生病呢？也许在未来的某一天躺在病床上的人会是你，你也在用着别人无偿捐献的血液。

无偿献血利人利己，人们在无偿献血之后，血液的黏稠度会降低，血流也会因此加快，还会增加脑部的血流量，提供更多的氧气，我们的身体会感觉到十分轻松，做起事来条理也会更清晰，因此，无偿献血对健康人来说有益无害。

　　美国一所大学的心血管疾病研究小组对 665 名参与过无偿献血的人和 3 000 名没有参加过无偿献血的人们进行调查研究，调查结果表明，在已经过去的三年里，献过血的人比没献过血的人患心血管疾病的概率低很多，患上心血管疾病的可能性只是没献过血的人的三分之一。 研究人员表示，这种情况和身体中某种元素有关。 国际卫生组织、国际红十字会都推崇这种无偿献血的形式。 迄今为止，很多国家都已经完成了无偿献血在临床上的应用。

　　另外，衡量一个城市的文明程度可以通过无偿献血来进行。 无偿献血这一行为在各个国家都广受重视。

　　在美国，有一句俗语流传于广大无偿献血的人群中"生命——给您的礼物"。大多数美国人认为，无偿献血是很值得人们尊重的行为。

　　约旦首都安曼在 1975 年建立了一个中央血库，最先参与献血的是约旦总理。

　　"献血是爱，是勇气，是关怀"是 1985 年日本评出的最佳口号，现在，这个口号已经为世界采血机构所用。

　　菲律宾前总统拉莫斯在 1977 年 3 月参加了第 41 次无偿献血，用这种方式来庆祝他 69 岁的生日。他总是说：献血让他越来越年轻。世界上很多国家的公民都认为健康的人有义务献血。父母在孩子健康有保证的前提下，应尽量让孩子去献血。

在这之前，一些有关献血的基本常识需要父母告诉男孩：

（1）了解有关献血的知识和常识。

（2）献血的前一天要注意适度的休息，做好个人卫生；在献血前不要触碰油腻的东西和酒；晚上的饮食要适度，献血前要注意补充热量，最好吃一些清淡的食物；保证良好的睡眠。

（3）献血时不要紧张。

（4）休息是献血后必不可少的，另外，还要维持好的心理状态，不要做剧烈运动，要及时补充蛋白和水，这样血液才能更好地恢复，一定不要突然吃很多东西。在献血后的 1～2 天内献血者要注意避免伤口沾到水，保证清洁。剧烈的体育活动和熬夜是献血者当天禁忌的事情。健康的人两次献血间隔的时间要有半年。

方法二：支持男孩做一次志愿者

得到认可是每个男孩的愿望，他们大都渴望自己做的事情得到大家的认可。男孩可以当一次志愿者，满足自己想被认可的愿望。志愿者是自愿的行为，与金钱无关，源自对社会的信念和责任，愿意为社会上的人们提供帮助和方便。父母要在孩子决定当志愿者之前给孩子普及一下有关志愿者的知识。

以下这些是志愿者必须具备的：

（1）年满 14 周岁。

（2）自愿为他人无偿服务。

（3）符合所参加的志愿服务项目及活动的基本条件。

（4）根据自身情况选择志愿服务项目，坚持志愿服务一段时间。

（5）遵守道德准则和国家法律。

另外，家长还必须让男孩知道，什么样的志愿活动是他们可以参加的，以下是提供给家长的一些参考：

（1）扶贫济困活动。关于教育、医疗、卫生所展开的一系列活动。

（2）城区发展活动。有关城区基础设施建设的活动。

（3）保护母亲河。有关保护环境的活动。

（4）尊老爱幼、帮助弱小。有关照顾老人、帮助残疾人、帮助小朋友的活动。

（5）城乡计划。文化、科技、环境三下乡计划。

（6）救灾抢险。灾难来临时的救灾运动。

（7）大型活动。志愿当活动的工作人员。

（8）社区管理。居委会、社区卫生站管理。

（9）服务于公益机构。敬老院、疗养所、基金会等。

（10）捐献爱心。为困难地区献爱心、募集资金。

方法三：让男孩做一个环境保护主义者

随着社会的发展，环境遭到破坏的情况越来越严重。逐渐消失的森林、荒芜的绿洲、越来越贫瘠的土地、自然资源的枯竭……保护环境，让我们的男孩从身边做起吧！

我们如何才能为保护环境出自己的一份力呢？男孩应该努力参与一些环境保护的活动，虽然自己的力量微薄，可是也能贡献一分力量。家长需要告诉他们：保护环境要从自己做起。以下是提供给家长的一些参考：

（1）养成良好的生活习惯、保护社会环境，不随地吐痰。

（2）垃圾丢进垃圾筒，手中的垃圾不要随地乱扔。

（3）看到路边的垃圾要随手捡起来扔进垃圾箱，尽量不用塑料袋，不给地球增加白色污染。

（4）保护动物和植物，不乱写乱画。

（5）节约能源，不浪费粮食。

（6）学习保护环境常识，参与环保活动。

勇于在大家面前大胆地发言

古人说："一言可以兴邦。""三寸之舌，强于百万雄兵；一人之辩，重于九鼎之宝。"确实，与人交谈的能力很重要。不过有些男孩却一直在强调："我天生脸皮薄，不敢和生人说话。"这个时候，家长应该跟他们说："不要担心，路是自己走出来的。"

天生的好口才是不存在的，而那些笨嘴拙舌的人经过锻炼最终也会能言善道。

爱德华·威格恩先生是著名的演说家和心理学家，他曾经一度担心在公众面前说话和演讲。

他在念初中的时候，一想到必须站起来发表5分钟的演讲，就很担惊受怕。到了演讲的日子，他就会生病，一旦可怕的事情出现在脑海，他就会发烧。

在读大学的时候依然是这样。一次，他认真记下了一篇演讲稿，可是当他看到台下的观众时，大脑里面突然一片空白，不知道自己该怎么办。他勉强说了一句：
"亚当斯与杰克逊已经过世……"然后就什么都说不出
来，随之便是鞠躬……在听众的掌声中他绝望地走回自
己的座位。

演讲家没有与生俱来的，"世纪演说家"丘吉尔也是靠自
己钻研才得到这个称号的。丘吉尔没有读过大学，他把一生
中大多数的时间都用在了写演讲稿和背稿子上，最终才成为了
举世闻名的雄辩演说家。

后天的学习是完全能弥补先天的不足的。关键是父母要
鼓励男孩并让他们知道当众演讲并不可怕，只有孩子清楚了这
一点，才可能战胜胆怯，勇敢地走上演讲台面对大众。

方法一：要让男孩有充分的准备

如果孩子没有认真地准备自己的讲话，肯定不会说出什么
实质性的内容，就算有也会磕磕巴巴。所以，必须在讲话之
前有足够的安排和准备，把想要演讲的内容写下来，并照着稿
子背诵。他对于演讲的内容越熟悉，讲得也就越好。父母也
可以采用其他方式帮孩子做准备。除此之外，了解听众的职
业、文化层次等也很重要。

方法二：要让孩子勇于勤讲多练

演讲的才能并非天生，而是逐渐锻炼出来的。所以，父
母要尽量锻炼孩子，让他克服害羞胆怯的心理，争取在人多的

时候练习讲话，勇敢地跟人交流，发表自己的意见。

可能刚开始的时候会很困难，有时甚至会受到他人的嘲笑，但这都不重要，重要的是要认真地反思自己讲话失败的原因。 多练习，自己说话的水平才有可能提高。

方法三：培养孩子独特的风格

不论演讲是长的还是短的，是庄重的还是轻松的，最重要的是要拥有自己的演讲风格。 一般来说，演讲前要做充分的准备，但是，如果遇到没有办法提前做准备的情况下，要在讲话后，再仔细想想能否更好地表达演讲内容。 父母可以帮孩子搜集名家演讲的资料，让孩子当作学习的范本。

方法四：正确地使用语言，清晰地发音

父母可以让男孩请自己的朋友或者同学帮忙，请他们每天听自己朗读书本。 只要男孩朗读时换气的方式、音调的高低、朗读的快慢有一点不合适，就请别人叫停自己，并督促自己改正。 教孩子在朗诵时把嘴巴张大，发清楚每个字的读音。 如果孩子的语速太快，或是有不认识的字时，就立刻停止朗读。 要多练习较难发音的字。

方法五：勇于挑战，坚持不懈

男孩在练习演讲的时候，要有耐心、持之以恒。 父母要鼓励孩子坚持练习，大胆上台演讲，勇于接受自己的胆怯和不熟练，只要练习多了，就能形成敢于在公众面前大声说话的胆量。

让男孩拥有超级棒的说话技巧

良好的表达能力可以帮助男孩在社会中更好地处理和解决问题，所以，在与人交往的时候掌握一些说话技巧是很有必要的。

方法一：让孩子把握住时机说话

"言未及之而言，谓之躁；言及之而不言，谓之隐；未见颜色而言，谓之瞽。"这是孔子在《论语·季氏》里的一句话。 这句话的意思就是说：不该说话的时候说了，称为急躁；应该说话的时候却不说，称为隐瞒；不看对方的脸色变化，自顾自地说，称为瞎说。

这三种说话方式都是没有把握住说话的时机，没有掌握说话的策略和技巧。 说话是要靠两个人完成的，并不是一个人的单方面行为。 同时，说话对象、时间、周边环境都会对谈话造成影响。 因此把握好说话的时机是很重要的。 男孩如果在该说话的时候不说，时机转瞬即逝，也就失去了成功的机会。 男孩如果没注意到周围的环境和对方此时的心态，不到说话的火候却急于表达自己的意见，很可能会让对方反感自己。

　　唐朝的王硅之所以能够身至侍中之职，就是因为善于抓住时机劝谏太宗。

　　唐太宗镇压庐江王李瑗谋反的时候，下旨把李家满门抄斩。但因为李瑗的小妾是位美人，太宗便想把她据为己有，不忍心杀掉。满朝大臣都觉得太宗这样做非常不对，可是没有人有勇气说出来。

　　有一天，李世民在和王硅谈话时，王硅注意到那位美人就站在李世民的身旁。李世民指着美人说："这是庐江王妾，庐江王杀了她的丈夫强娶了她。"王硅听完李世民的话以后，问道："那陛下觉得庐江王的做法是否正确呢？"

　　李世民说："杀了人后还抢走人家的妻子，对错已经十分明显，卿还有问的必要吗？"王硅说："现在，庐江王死了，但是，陛下却把他的小妾占为己有，因此，我认为陛下肯定是赞同庐江王的做法的。"李世民听了他的话之后，深感惭愧，于是立刻把美人送还她的家族，同时还赞扬了王硅的说话技巧。

可见，说话要把握住时机，这样才能收到好的效果。所以，父母要让男孩学会掌握说话的时机是很有必要的。可是，孩子需要怎么做才能正确掌握说话的技巧呢？

（1）当对方有很高的情绪时。人的情绪有起有落。当人的情绪不高时，他的大脑和思维就会显现出封闭状态，也会在心里产生逆反情绪。此时，即使是最要好的朋友赞扬他，他也会不理不睬。 而当人的情绪处于高潮期时，他会比以往任何时候都心情愉快，说话时也会面带微笑，也更能够接受别人对他的求助，更容易原谅他人的错误，对对方的言辞也不会过于计较，与此同时，也会更能听进对方的意见。 所以，要抓住对方情绪好的时候和他说话，切莫浪费大好时机。

（2）当他人询问你的意见时，也是一个很好的说话机会。当然此时也要特别注意语言的适用。

（3）在帮助了对方之后。 中国人历来特别崇尚"礼尚往来""滴水之恩当以涌泉相报"。 当男孩帮助了一个人的时候，这个人也就欠了男孩一份人情。 假如男孩需要帮助，这个人肯定会在不损害自己利益的前提下，在自己能力范围之内，一般都会竭尽全力去帮助男孩。

（4）用心找到合适的说话机会。 例如：在人多的时候，或者有认识的人在场的时候，应避免谈论对方的隐私或一些敏感的话题。

方法二：培养孩子言辞简洁、精练地说话

林肯著名的葛底斯堡演说只有 10 个句子，仅 272 字，他的演讲重点突出、气势磅礴。 他从上台到下台还不到 3 分钟，却赢得了 15 000 名听众经久不息的掌声与喝彩，全国都为此轰动。 当时有知名媒体就评论说："深厚的情感、集中的思想、精炼的措辞都蕴含在这短小精悍的演说中，朴实的字句、完美的行文、都在人们的意料之外。"

斯大林在苏联面临德国法西斯疯狂进攻的紧急关头，在莫斯科红场做动员卫国战争的演说，仅有短短的 1 700 多字。恩格斯在马克思墓前的演说只有 1 200 多字，仅用了五分多

钟，可是却把马克思光辉一生的伟大贡献概括无遗。

法国总理洛朗·法比尤斯在 1984 年 7 月 17 日发表的演说，竟然只有两句："国家现代化，团结法国人民是新政府的任务。因此要求大家保持平静和表现出决心，谢谢大家。"虽然措辞极其委婉含蓄，但其内容却异常的精辟。

我们生活在一个快节奏的时代，因此父母需要让男孩懂得，不管他是在演讲还是在讲话，言语的简洁和精炼都是应该注意的，想要让男孩做到这一点，有以下几条建议：

（1）短句子要多用，长句子尽量少用。长句虽然能够表达缜密的思想，委婉的感情，并且能够造成一定的说话气势。但是因为其结构比较复杂，句子太长，如果停顿重音等处理不好的话，说话的人就会觉得吃力，听话者也很难理解。而短句的表达效果则更加简洁、鲜明、幽默。因此短句比长句更适合在交谈、辩论、演讲等重要场合中使用。

（2）平时要注意在观察、认识事物上下功夫，只有熟练地掌握事物的本质，才可能一语道破。

（3）要学会摒弃那些大量无用信息、不重要的信息，这样才能够提高有效信息的传递效率。

（4）尽量避免说口头禅。有些青少年说话时会无意识地说"这个""那个""是吧""对不起"等，不仅影响表达效果，还会令人讨厌。

（5）空话套话要少说。有些人一说话就是套话，一分析问题就习惯性地按照老俗套念空口号，几乎没有有效的信息。

（6）说话避免重复烦琐。有用的信息从说话人那里发出后，有心的听众便会自动接受并储存起来了。但如果说话人说话重复啰唆，每句话说得都大致一样，那有用的信息就很难被听众接受并储存。

（7）说话避免节外生枝。 说话人如果不善于掌握好主题，反而在一些细枝末节上废话太多，或者在意思表达清楚之后还不停地说。 这些内容中虽然也包含有用信息，但却不是最主要的信息，而是一些次要信息，与主题没什么太大的关系。 要是次要的信息太多，不但会使时间的利用率降低，更会干扰主要信息的传递和储存，主题的表达也会受到影响。

给男孩体验失败的机会

家长对男孩过度的溺爱与保护，会扼杀男孩的天性，甚至引发严重的后果。

> 2007 年 10 月 31 日，年仅 26 岁的清华大学研究生洪乾坤跳楼自杀，当场死亡。他在遗书中写到，由于找不到理想的工作，不想拖累父母，所以选择以自杀的方式结束生命。
>
> 某大学学生因在一次学院联欢晚会上唱歌走调，被观众哄笑，一时想不开，竟然在当天晚上自杀身亡……

男孩本性应该是刚强的，而一些男孩却被一些微不足道的小挫折打垮。 引起他们自杀的主要原因就是不能有效地解决在生活、学习中遭遇的挫折。 例如没法适应独自生活、遭到师长的批评、找工作不顺利、工作压力过大或失恋等。 衍生出这些恶果的根源，就在于父母在男孩成长早期给予了过多的保护。

挫折会出现在任何人的人生里，当人有目的地进行某种活动时，总会遇到障碍和干扰。如今的男孩吃、穿、玩都得到了满足，从这方面来看，他们生来就是幸运的。可是，优越的生活也导致了他们抵抗挫折的能力低下，经受不住学习和生活中的挫折。一旦遇到挫折和不幸，就特别容易悲观、绝望、自暴自弃，有的甚至走上自杀的不归路。从这方面来看，当今社会的男孩又是不幸的。

男孩产生挫折心态的原因是多方面的，大多数来自学校、家庭、社会和自身：

（1）学校方面。由于男孩的生理、心理发育均比女孩晚，所以，男孩在中小学阶段考试成绩普遍不理想，而老师对男孩的言行也不像对女孩那样慎重，这些都可能使男孩心里感到受挫，从而产生挫折感、焦虑感和恐惧感，进而怀疑自己的智力等，最终导致失望、悲观的情绪产生。性格外向的男孩会变得沉默寡言、不爱玩，性格内向的男孩则会更加沉默，甚至失去信心。

（2）家庭方面。有些男孩因家里突然发生意外，如亲人病故、父母分开、天灾人祸等，或由于父母望子成龙心切，经常责备或打骂孩子，导致孩子得不到家庭的温暖，从而引发挫折心态。他们往往会表现出不理性的行为或消极的处世心态，性格上也会产生种种不良影响，如狭隘、抑郁、怯懦、孤僻、离群、对立、仇视等。经受这些挫折的男孩往往为了寻求心理上的平衡，或放弃理想逃避现实，或离家出走，甚至迁怒他人。

（3）社会方面。社会对男孩有潜移默化的影响，有的孩子受到社会上的种种负面影响，如各种腐败现象使男孩心理失衡，认为自己的基础不好，学习又费力，还不如趁早回家做个体生意或外出打工，这样便出现了挫折心态。

(4)自身方面。 有的男孩因为自身生理上的疾病或缺陷，或由于一直追求的"理想"迟迟不能实现而导致信念动摇，遂产生了挫折感。 抱着这种心态的男孩，轻则对人或事采取无所谓的态度，重则无法面对现实或玩世不恭、自我放弃。

挫折与失败，这都是社会生活中的正常现象，几乎每个人都会经历。 如果男孩要实现自己的理想，就更不能逃避挫折。 正如中国古代大思想家孟子所说："天将降大任于斯人也，必先苦其心志，劳其筋骨，饿其体肤，空乏其身。"换言之，只有吃得了苦才能换取"降大任"的回报。 挫折是成功的垫脚石。 家长要有意识地强化男孩承受挫折的能力，唯有这样，男孩才能从容应对在未来的人生道路上出现的各种艰难险阻。

◇ 鼓励孩子勇敢实践 ◇

献血是爱，是勇气，是关怀。

他终于摆脱了羞怯的心理

▲　世界上很多国家的公民都认为健康的人有义务献血。父母在孩子健康有保证的前提下，应尽量让孩子去献血。

▲　父母要鼓励男孩并让他们知道当众演讲并不可怕，只有孩子清楚了这一点，才可能战胜胆怯，勇敢地走上演讲台面对大众。

只要加倍努力，下次一定会考好的！

▲　挫折与失败，这都是社会生活中的正常现象，如果男孩要实现自己的理想，就不能逃避挫折。

高情商家教思维

1. 您的孩子都参加过哪些社会实践活动？ 在这个过程中您是
   如何做的？

   _____

   _____

2. 您的孩子都参加过哪些公益活动？ 孩子的反应一般都是
   什么？

   _____

   _____

3. 您的孩子做过演讲吗？ 他敢于在公众面前大胆表露自己的
   观点和想法吗？ 您计划提升孩子这方面的能力吗？

   _____

   _____

   _____

4. 您如何评价孩子的口才？

   _____

5. 您的孩子有没有失败的体验？ 他当时的心情是怎样的？
   有没有给您说出来？

   _____

   _____

   _____

第六章

把男孩培养成健康阳光的男人

为孩子打造优质睡眠

父母要让孩子在生活中保持良好的睡眠习惯，为孩子打造优质睡眠。

小飞今年上初中了，可是他却没有一个好的睡眠习惯，经常晚睡，第二天早上又起不来，爸妈为此很是担心。

爸爸找来儿子，想和儿子谈谈晚上早点睡觉的事情。爸爸首先告诉小飞晚睡的危害，然后告诉小飞早睡早起的好处，最后对小飞说："儿子，我们约法三章吧！以后，我们必须在规定的时间睡觉和起床，假如谁没有做到，就要请对方吃饭，你觉得怎么样？"小飞笑着回答："当然可以了，您可不许说话不算话！"

从此以后，小飞定时睡觉，定时起床。爸爸因为要给小飞做榜样，所以也养成了早睡早起的好习惯。

男孩有很强的好胜心，小飞爸爸正是利用了小飞的这种心理，才能与他进行约定，并制定奖罚制度，从而和儿子一起养成了早睡早起的好习惯。

　　　　小磊今年上初二了，学习很努力，记忆力也很好。父母以儿子的优秀为荣，所以只要学校组织各种比赛，小磊的爸妈都支持他参加。可是，小磊根本就不想参加这些比赛，每次都是为了让父母高兴才去，小磊也因此产生了很大的精神压力。

　　　　在参加数学比赛的前一天，由于他一晚上都没有休息好，所以第二天考试时状态很不好，复习的东西都忘了。他着急得心里发慌……当然，这次他的成绩很糟糕。从这开始，他几乎每晚都胡思乱想，睡眠状况相当不好。

　　父母对孩子的过高期望给小磊带来很大的压力，加重了他的心理负担，最终导致他出现睡眠健康问题。

　　孩子上学以后，一定不要让他们学得太晚，要让孩子早睡早起，保证充足的睡眠时间。想要白天有精力学习，晚上就要好好休息。对淘气的男孩，家长更要多关注他们。

　　"人生的第一道美餐就是睡眠！"这是莎士比亚说过的一句话，说明睡个好觉的确是每个人所必需的。良好的睡眠使我们的精力和体力得以恢复，而不好的睡眠则会导致免疫力下降，容易生病等情况出现，让我们不但集中不起精神，还会感觉很累并且情绪烦躁。当孩子处在发育和生长阶段时就更要保证他们的睡眠。如果家长没有注意到这点，无论从哪方面都会影响孩子的健康成长。

　　想让孩子提高睡眠质量，首先要知道孩子睡不好的原因，一般情况下，孩子睡眠不好有以下几方面原因：

（1）睡眠不足。 经常很晚才睡就会导致没有充足的睡眠时间。

（2）睡不踏实。 家长要观察孩子睡觉时是否会出现磨牙、踢被子等现象，因为这些都会影响孩子的睡眠质量。

（3）做梦。 孩子有时因压力过大或害怕某些东西而出现做梦的现象，也会影响睡眠质量。

知道原因以后，家长就要针对这些进行改变，让孩子睡好觉了。

方法一：合理安排孩子的作息时间

人的体内有生物钟，它会提示你什么时候该睡觉了。 家长要注意观察睡眠不足的孩子，体内的生物钟是否乱了，如果是这样，就要帮助孩子养成好的睡眠习惯。

家长要告诉孩子不要随便破坏体内生物钟的规律，要让孩子养成良好的作息时间，即使休息日也不要晚睡或晚起。 只有这样，体内的生物钟才会正常工作。

一定要坚持早睡早起。 在这方面父母要起带头作用，把自己的坏习惯改掉，安排好自己的作息时间，不要因为工作打扰孩子休息。

方法二：为孩子创造良好的睡眠环境，提高孩子的睡眠质量

研究发现，有些孩子睡眠不好是因为他的睡眠环境影响的。 影响睡眠环境的主要有三点：光线、噪声与寝具。

（1）睡觉时要拉好窗帘，不要有强光照射，这样孩子才会放松身心慢慢睡着。

（2）保持安静。 走路要轻，说话声音要小，尽量减少干扰，孩子才会睡得安稳。

（3）家长要给孩子选择适合的寝具，让孩子在舒适的环境中睡觉。

让孩子多运动

孩子正在生长阶段，让他们多参加运动，会使他们更健康，还可以锻炼孩子的意志，增强孩子的自信心，培养他们团结合作的精神。

晚上，爸爸带着小振去小区广场散步。小振看到很多小朋友在那里玩轮滑，有的孩子还能滑出好多花样，大家都为他们欢呼。小振很是羡慕。

看到孩子如此着迷，爸爸给小振买了轮滑鞋。刚开始小振很兴奋，可是穿上鞋后站着都很困难，于是他就想放弃不学了。爸爸赶紧对他说："那些滑得很好的小朋友刚开始也是这样的，只要你坚持，就会跟他们一样自由地滑行了，爸爸相信你肯定能成功！"在爸爸的鼓励下，小振即使摔倒了也会再爬起来。经过锻炼他终于掌握了一些技巧。又过了一段时间，他完全学会了。以后的每天晚上都会看到他快乐地穿梭在广场上。

因为他学会了轮滑，每次学校有活动，老师都让他来做轮滑表演。从此，小振改变了自己内向的性格，开朗了很多。同时，轮滑还激发了他的自信心，学习成绩也越来越好了。

爸爸根据孩子的特点和需要，引导孩子对运动产生兴趣并参与其中，使孩子在快乐中得到锻炼和成长。

小涛是个好动的孩子，没有安静的时候，可要让他参加什么运动时，他会找很多理由不去参加。每天他都在电脑前玩游戏，从不出去锻炼。家长也将就着孩子，孩子不愿意去就由着他。渐渐地，他的身体素质越来越差，不是感冒就是发烧，视力也下降了，身体越来越胖，个子却不见长，这都是父母对他过分溺爱的结果。

适当的运动能强身健体。 运动能使大脑获得氧气和养分，让人有充足的体力、集中的精神以及敏锐的洞察力。 男孩生理和心理上遇到的困惑可以在运动中得到克服和解决，男孩能从运动中收获自信，同时增强意志力，使他们的情感得到健康发展。

现在很多家长会给孩子创造很好的物质条件，放纵孩子的饮食，这会让孩子营养过剩，再加上怕孩子参加锻炼受苦受累，最终使孩子成为小胖墩。 虽然有些肥胖儿童是遗传的因素造成的，但绝大多数都是不参加锻炼的结果。

经常进行体育锻炼，不仅能增强体质，还能在身体锻炼的同时，加强大脑和一些神经系统还有感官的活动，从而使身体各种功能更加灵活和协调。 所以，家长一定要重视孩子平时身体的锻炼。

有的孩子不喜欢运动是因为什么呢？ 大概有以下几点：

（1）有的孩子因为身体胖、矮小或认为自己笨，怕别人笑话而不喜欢运动。

（2）有的孩子觉得自己不能在某项运动中得到名次，害怕失败，所以在参加运动时就不会积极争取。

（3）有的孩子根本就不喜欢运动，他们喜欢安静，为保持健康的身体，他们会进行非运动性的活动。

无论什么原因，我们一定要对孩子不放弃，引导他们改变想法。 家长要给孩子一些鼓励，让他们增强自信，只要方法正确，就会让孩子更加热爱运动。 我们要怎样做才能让孩子参加运动呢？

方法一：让男孩有效地利用在校的体育活动时间

对孩子来说，在家锻炼很随意，而在学校里的运动则要遵守规定，比如按时做课间操，认真上体育课，都是很好的锻炼身体的机会。 家长和老师要配合，让孩子不要浪费在学校锻炼的时间。

方法二：激励男孩长期坚持锻炼身体

我们锻炼的目的不是掌握什么方法，而是要锻炼持之以恒的精神。 如果不能坚持锻炼，那么不仅达不到健身的目的，还会使孩子今后做事不能善始善终，遇事拖拉，缺乏自制力。所以，在男孩制订好锻炼身体计划之后，一定要持之以恒地坚持下去。

方法三：给孩子准备好体育锻炼的器材

一般来说，篮球和足球这类运动是男孩比较喜欢的，所以父母就可以根据孩子的不同爱好为孩子准备相应的锻炼器材。周末或者娱乐时间可以陪孩子一起到运动场运动。这样既调整了家长的状态，又可以与孩子更好地沟通。

方法四：增加孩子户外锻炼的时间

室内空气不流通，新鲜空气很难进入屋里，所以父母应尽量多陪男孩进行室外有氧运动。比如跑步、划船、步行、游泳等运动要经常做。

父母在培养男孩热爱运动的同时也应采取一些科学的方法。例如，不可瞬间增加运动量，一定要循序渐进，防止男孩因急于求成或盲目攀比而造成身体上的损伤；每次运动前都要做准备活动，让机体各部分从静止状态调整为一定强度的过程可免于受伤。

总之，要让男孩把运动当成习惯，并且持之以恒地坚持下去。这样可以让男孩在大脑中形成动力定律，起到强化训练效果的作用。

想让男孩通过运动爱上运动，并且始终保持对运动的激情，作为父母就应该把几个男孩组织起来，一起参加运动。男孩互相激励，互相竞争，互相促进，互相监督就能让孩子克服掉独生子常有的娇气和惰性。

关注男孩的心理健康

在对男孩的培养中不能单纯地关注身体上的健康，而应身心同管，使男孩在任何情况下都能积极乐观，成为真正的男子汉。

事例一：

> 小军最近放学回家后，一句话不说就把自己锁在房间里，爸爸认为儿子肯定是在学校遇到了什么麻烦，便把小军叫来聊天。原来，小军的同学在这学期都嘲笑他说话慢，反应慢，小军觉得非常自卑，所以在学校越来越不爱说话，心情一直不好。
>
> 爸爸抚摸着儿子的头说："如果是你爸爸我，我肯定不会这样下去，想知道爸爸会怎么做吗？"小军望着爸爸，说道："您会怎么面对这件事？"爸爸笑着，离开了小军的屋子。
>
> 片刻后，他拿着家里的小话筒过来了。爸爸把话筒交给儿子，说："以后每天对着这个话筒讲话，10分钟就够了，很快你说话就不会这么慢了，不是什么难事。说

146

话慢不是什么改不掉的毛病，只要照着爸爸说的方法认真地练习，你说话的速度一定不会像现在这样，同学们肯定不会再嘲笑你了。"

几个月中，小军每天都按照爸爸教的办法去练习，几个月后，小军说话的速度有了提高，朗诵水平也有了质的提高。经过老师推荐，小军参加了演讲比赛，还获得荣誉，为此小军的信心也大大增加。

小军的爸爸对小军的苦恼进行了及时的开导与教育，并且正确地引导了他，让小军摆脱了阴影，从此以后不再为此感到自卑。

事例二：

晓航出生的时候脸上带了一块紫红色的胎记。在他还小的时候，他常常因为胎记而被小朋友们嘲笑，每当这个时候，他就会抱着妈妈哭泣。可晓航的妈妈却很不耐烦："你只要学习好就行了。"

晓航逐渐长大了，胎记的痕迹也越来越大。晓航越发地觉得自己的脸难看，常常因为这件事而不去上学，就算上学也要用帽子遮住胎记，把帽子扣在头上，防止别人看到他脸上的胎记。妈妈看到晓航的行为，没有意识到事情的严重性，不仅不去关心晓航，还批评晓航太注意外表，而不把心放在学习上。同学的嘲笑、妈妈的不重视，让晓航最终选择了自杀……

晓航妈妈对晓航的漠不关心是导致晓航自杀的主要原因，

因为妈妈在晓航受到同学嘲笑的时候，不但没有开导他、引导他接受自己身上的缺陷，反而对儿子的行为不在意，让晓航的自卑心理慢慢扩大，最终走向了自杀的绝路。

事例三：

> 随着年龄的增长，小凡变得越发古怪，这引起了小凡妈妈的注意：小凡经常把自己反锁在房间里，生活中总是闷闷不乐，话也很少。有些时候还会看见他面带愤怒地看着镜子里的自己……妈妈很担心小凡，她希望儿子说出自己的心里话，但是小凡就是不和妈妈说出心里话。
>
> 某天，妈妈在整理小凡书包的时候，发现了一张夹在课本里的字条，纸条上面都是铅笔画的痕迹，妈妈在铅笔痕迹下面看到一行小字。仔细观察后，妈妈看清楚了上面写的是——怎么我的脸这样大！
>
> 小凡妈妈看到后非常惊讶，儿子古怪原来是因为这个！小凡的脸长得比较圆。小的时候，妈妈带小凡去游乐场玩，对面跑来的小女孩对小凡说："你好像大脸猫！"客人在家的时候，小凡的妈妈经常笑着对客人说："我儿子的脸圆得像饼一样！"没想到这些无意间说的话，被小凡牢牢地记了下来……

平时生活中，父母只注重孩子身体上的健康，却常常忘记了男孩心理出现的危机。大量的事实证明，在养育男孩的时候仅仅关注孩子身体上的健康还不够，还应重视孩子的心理健康。心理与身体是相辅相成的，心理上的毛病会在身体上体现，心理问题也会对男孩的身体健康造成威胁，如果长期发展下去，这种状况很可能导致孩子产生心理疾病。

怎么才能有健康的心理呢？通常来讲，就是要让孩子在任何情况下都保持良好的情绪。一个健康的心理会让男孩的思维变得敏捷、记忆力变得更好，对生活乐观。相反，男孩如果常常处于悲观或闷闷不乐的状态下，不但会影响学习成绩，而且时间一长容易形成恶性循环，肯定会让他对生活失去信心。

孔子说"少成若天性"，在开始的时候让孩子觉得自己是快乐的，那他会一直很快乐。一般情况下，心理健康的男孩很少会出现挫折感，就算生活中遇到一些困难，他们也会非常冷静地面对，并且让困难成为前进的动力。但是心理不健康的男孩常常会自寻烦恼，只会逃避，不愿意面对问题。因此，对于心理不健康的孩子来讲，父母要帮助孩子找回健康的心理。

方法一：让孩子直视自己的缺陷

日常生活中，父母一定要让男孩懂得，人必须要接受自身的缺陷。大多时候，人的先天条件都是不能改变的。例如，相貌、家庭背景、身体上存在的缺陷等。如果男孩不能接受而只是了解自己，那么不但会给他带来不安，也会让他更加苦恼。

父母必须要认真关注自己的孩子，注意孩子的变化，及时帮助孩子解决问题，让孩子正确认识自己的不足，快乐地接受自己。只有这样，才能够减轻男孩心里的压力，才能让男孩更健康更快乐地成长。

方法二：帮助孩子摆脱不良情绪

平时生活中，一些外界的不良刺激会影响男孩，如果这些不良的情绪长期淤积在心中得不到发泄，很可能会威胁到孩子的身心健康。 这个时候，就需要父母及时地对男孩进行开导，从而让男孩自觉排除不良的情绪。

为男孩的心灵减负

男孩成长过程中，心理压力是无处不在的，父母对此一定要引起重视，引导孩子正确地面对学习和生活中的压力，只有这样才能让他们更加快乐地成长。

事例一：

一天放学后，爸爸接朋朋回家，一路上朋朋都闷闷不乐，爸爸就问他是不是在学校发生什么事情了。朋朋对爸爸说："今天老师误会我，说我上课说话，可是明明说话的是别人。"爸爸听了之后说："那的确很气人，本来不是你的错，可老师却不弄清楚就怪你。"

朋朋觉得爸爸在为自己抱不平，对老师的怨气也就渐渐消失了。这个时候，爸爸开口了："为了避免老师再冤枉你，你下次一定要做得更好，让老师找不到理由认为是你做错事。"朋朋点了点头说："我要让老师知道我是不会犯那种错误的。"

朋朋爸爸的这种教育方法很好，而且他还正确地引导了朋朋以后要做得更好。

事例二：

晓阳从小学习成绩都非常好，在初中毕业时考了全校的第三名。他原先想进市重点高中读书的，可是妈妈却坚持要他去省重点，无可奈何之下，晓阳只能按照妈妈的想法去了省重点高中读书。

但是晓阳并不能适应省重点的教学方式，所以他的学习成绩一直不是很突出。晓阳的妈妈知道后不仅不安慰，还责怪晓阳不知道努力学习。在考试成绩与父母的双重压力下，晓阳失去了学习的动力……

晓阳的妈妈希望儿子能给自己争光，却没想到自己的做法导致孩子出现了逆反心理，使孩子讨厌学习。

成长过程中，男孩的压力要比女孩大得多，男孩要让自己看上去更加勇敢，要获得更多的荣誉，他们经常会产生一些与人较量却又担心结果的痛苦。压力在一定程度上可以激起孩子的努力，可是过大的压力往往会导致孩子的心理出现问题。

如何才能帮孩子减轻心理压力呢？父母首先要了解男孩的生活，知道孩子的压力来自什么事情。这就要求父母经常和自己的孩子进行沟通，认真倾听孩子的诉说。

方法一：父母要在孩子需要安慰的时候及时给予帮助

当孩子受到不公正待遇的时候，父母应当首先安抚男孩的内心，然后再表达自己的情感。

上面所说的关于朋朋的例子就是这样：朋朋的父亲先让孩子明白自己是站在孩子这边的，之后才引导孩子在今后做得更好。

方法二：把自己的经验与孩子分享

在老师和家长的眼里小辉是个能干的好孩子。一天，他和班里的一个同学发生口角，老师责备了他。从此之后，小辉觉得老师对自己很失望，觉得自己的形象在同学们心中不完美了。他给自己越来越大的压力，以至不能全身心地学习和生活了。

小辉的妈妈知道后，把儿子叫到跟前对他说："妈妈前一阵子因为工作的原因被老板训斥。那个时候，我真是非常郁闷，甚至考虑辞职不做了。可是后来我终于想通了，是我犯的错误，我就要承认，就要接受批评。在今后的工作中我做得更好，老板还是会认可我的工作能力的。"小辉听了妈妈的话，明白了妈妈的意思。

在压力面前，家长应及时与孩子沟通，要告诉孩子每个人都会遇到压力。父母要以身作则，用自己的切身体会来教育孩子，这样孩子才能更好地接受父母的意见。

聪明是"吃"出来的

很多家长都觉得孩子的聪明是"吃出来"的这一说法有些言过其实。其实这种说法是有依据的，特别是在孩子 0～6 岁，脑部发育最快的时候。孩子的脑部发育会受蛋白质、维生素 B、维生素 A、维生素 E、脂肪、维生素 C、钙质、糖质这 8 种物质影响。

这些营养物质如果只靠吃化学合成的药物是无法取得的，人体的需求需要合理的饮食搭配才能满足。大脑从事复杂智力活动的基本物质是蛋白质；精神障碍预防要依靠 B 族维生素；大脑的发育受维生素 A 影响；脑功能是否健全要取决于脂肪的数量；脑功能敏锐要依靠充足的维生素 C；钙质充足能让孩子的大脑充分工作；脑部活动的能源来自糖分。

现在的生活水平一步步提高，家长对孩子的要求都尽量满足，基本上是什么贵吃什么，什么好吃吃什么。可是，不是最好的就是最适合孩子的，一些传统常见的食材，只要搭配得合理，就可以满足孩子健脑的需要。下面的食物对孩子发育很有好处，家长可以尽量给孩子多吃一些：

（1）乳制品。 乳制品中含有丰富的营养元素，比如牛奶，人体中所需的全部氨基酸都富含在牛奶中，还包括维生素 A、维生素 B_1、维生素 B_2、维生素 C 和铁、锌、硒等。 这些营养影响着孩子的生长发育。

（2）深色蔬菜。 颜色深而且鲜艳的蔬菜富含抗氧化剂，可以保持大脑的健康活力。 孩子应该多吃南瓜、胡萝卜、菠菜、西红柿、红薯等食物。

（3）蛋类。 蛋类中蛋白质的含量很高。 因为蛋类中含有能提升记忆力的胆碱，孩子的智力会因为多吃这些食物而提高。

（4）鱼类。 鱼类是优良的蛋白质来源，人体可以很快吸收鱼含有的不饱和脂肪酸。

（5）豆类。 蛋白质、脂肪、碳水化合物、维生素 A、维生素 B 等是豆类富含的。 豆类中含有的蛋白质和氨基酸都很多，含量最丰富的是谷氨酸，这些养分都是大脑赖以活动的物质基础。

而有些食物不但没有好处，还会影响孩子的身体健康，特别是一些富含有害物质的食物家长必须要控制孩子的摄入。

方法一：不吃含有铅类的食品

例如爆米花和皮蛋。 爆米花在制作时，需要高压加热机罐，罐盖内层软铅垫表面的铅有一部分会变做气态铅，留存在爆米花中。 而皮蛋的原料中则含有氧化铅和铅盐。 其他矿物质铁、钙、锌在神经系统中的活动高度会被铅取代，过多食用含铅的食物，会严重地损害大脑，导致智力下降。

方法二：不吃含有铝类的食品

有的孩子在吃早点的时候喜欢吃油条，但是油条中铝的含量很高，过多食用容易导致记忆力下降，让思维变得迟钝。

方法三：不吃含糖量较高的食品

白糖是酸性食物，如果在每次饭前都吃含糖分高的食物，就很容易让体质变成酸性的，这会严重地影响孩子的记忆力。

方法四：不吃含盐分过高的食品

人们对盐的需求量很低，但是经常吃过咸食物的人，就容易损伤自己的动脉血管，影响脑组织的血液供应，让脑细胞长期处在缺血、缺乏氧气的条件下，智力也会因此下降。

方法五：不吃含有过氧脂质的食品

过氧脂质存在于高热量的食物中，经常食用会对大脑产生极大的伤害，因为过氧脂质会让人体内某些代谢酶系统受到损伤，从而引起大脑的衰竭。因此，孩子应该尽量少吃油炸食品。

◇ 把男孩培养成男人 ◇

刚开始学轮滑的孩子都是这样，只要坚持，你会滑得和他们一样的好！

▲ 爸爸根据孩子的特点和需要，积极去想办法，引导孩子对运动产生兴趣并参与其中，使孩子在快乐中得到锻炼和成长。

妈妈前一阵子因为工作的原因被老板训斥。那个时候，我真是非常郁闷，甚至考虑辞职不做了。可是后来我终于想通了，是我犯的错误，我就要承认，就要接受批评，在今后的工作中我做得更好，老板还是会认可我的工作能力的。

13~14岁的男孩子，可以进行各种球类运动。

▲ 父母要以身作则，用自己的切身体会来教育孩子，这样孩子才能更好地接受父母的意见。

▲ 在体育锻炼的过程中，家长要正确地指导孩子进行体育锻炼，必须遵循自身的生长发育规律来选择适合孩子的运动。

高情商家教思维

1. 作为家长，您对孩子的身体发育都有哪些具体关注？

   _____

   _____

2. 上了中学，孩子的压力逐渐加大，孩子的睡眠质量如何？

   _____

   _____

3. 孩子都有哪些体育爱好？ 能坚持吗？ 每周锻炼的时间有
   多少个小时？

   _____

   _____

4. 孩子的心理健康吗？ 如果不，有没有找过专业的心理医生
   辅导？

   _____

   _____

5. 您为孩子的心灵减负做过什么？ 是否在一起分享过自己的
   体验和经验？

   _____

   _____

6. 孩子每天的营养是否能够满足身体发育的需要？ 有没有营
   养过剩？

   _____

   _____

第七章

帮助男孩正确地认识自己

要随时掌握男孩成长的心理需求

青春期指的是孩子 12 ~ 18 岁的阶段，对于男孩来说，青春期不仅是他成长发育的重要时期，也是一个"艰难阶段"。因为他到达了一种"精神上的断乳期"，他要完全摆脱对成年人的依靠，试图变成一个全新的自己，但由于他的身心还不够成熟，所以他无法彻底地重塑自己。 也由于这种心理特征，让男孩产生了各种各样的矛盾心理；如独立性和依赖性不能共存，成人感与幼稚感不能共存；与人交往时而开朗时而沉闷；对性的渴望和压制的矛盾以及自我控制和冲动的矛盾等。 矛盾是青春期男孩不能避免的体验，父母必须要理解他，给他提供必要的心理辅导，帮助他顺利地度过青春期。

方法一：正确地看待男孩抽烟、喝酒等行为

刚上高一的孙鹏在同学的生日聚会上喝了好多酒才回家。妈妈本来是想责备他的，但还是忍住了，给他倒了一杯茶，让他不要如此的萎靡不振，妈妈说："去自己屋子里休息一会吧！"

等孙鹏身体好些了，妈妈关心地说："需不需要吃点东西?"孙鹏说不要，妈妈继续说着："同学聚会，喝点酒没什么，大家开心最重要，可是酒喝多了对自己的身体不好，你看看你自己多不舒服啊!以后别喝那么多了啊。"孙鹏真诚地答应着。

一旦男孩进入青春期，就会用一些不良的行为来表示自己是个成年人，如在同学聚会的时候彼此拼酒量，以此来表现自己的与众不同。如果父母表现出不赞成，他就会非常反感。

孙鹏的妈妈是个很聪明的女人，她先是对儿子表示关心和理解，让儿子比较容易接受她说的话。接下来，为了不让儿子过多地喝酒，她又让儿子知道喝酒的危害，让他更好地保护自己。

方法二：理解男孩对经济独立的渴望

经济独立是独立的一个基本标志，青春期的男孩总是想摆脱妈妈的束缚，自然会渴望经济独立。总体来说，当男孩进入高中之后，个人的消费就开始变大了，他对自己的吃穿各方面都有了新的要求，群体活动往往也开始增多，他也开始渴望自己有私房钱供自己消费。

对于这些，父母一定要给予支持，不要对他大声吼叫，而是主动把家庭的经济情况告诉他，激发男孩的担当和责任感，那他自然就不会在经济上和父母发生冲突。

方法三：找对与孩子沟通的时机

青春期的男孩在半成熟的心理驱使之下，不愿意听父母讲大道理，这个时期的男孩十分自以为是，不喜欢妈妈唠叨。男孩的这种心理我们要理解，因为男孩在这一时期对很多事情还仅仅是一知半解，他内心真正需要的是帮他彻底摆脱幼稚，切实走向成熟。

因此，家长要找对和孩子沟通的时机，让孩子明白其中的道理并摆脱幼稚观念。尤其要注意的一点，父母一定不要就事论事，不要在事情发生之后马上给他讲道理，而是应该通过郊游、散步或者去公园玩的时候，旁敲侧击地谈论一下相关的话题，让男孩感觉父母是在一起讨论一个现象，并非是教导他要这样或那样。这样，男孩的自我成熟感不但得到了保全，而且也使他又离幼稚远了一步，满足了他的心理需求。

抵挡诱惑健康上网

在飞速发展的科技时代，智能手机早已成为人们生活中不可或缺的一部分。而随着社会生活水平的提高，大部分男孩子手里也都有了一部智能手机。

提起智能手机，就不能不说它们强大的通讯和网络功能。微信、QQ 等社交软件使人们的交往圈迅速扩大，便捷的网络成为智能手机的一大帮手。但智能手机也是把双刃剑，有益处也必有弊端。如睡觉时，把手机放枕边，手机的辐射会对人的中枢神经系统造成机能性障碍，引起头痛、头昏、失眠、多梦和脱发等症状。熄灯后玩手机，手机的强光会伤害正处于发育期的男孩的视力健康，会使黄斑部病变，轻者眼睛干涩，重者还会造成失明。

对于青春期的男孩来说，不同档次的手机容易引起男孩间的攀比，造成心里不平衡。当然，对于男孩来说，手机的最大危害是让孩子花费大量时间沉迷网络社交、刷朋友圈、追剧、玩游戏、聊天。这些不仅对身心无益，还关闭了与他人沟通的心灵之门，患上"手机依赖症"，严重耽误学习时间。一些没有自控力的孩子，极易被网络精心设置的骗局所诱惑和被套路。 如2019年的一条新闻曾报道：年仅十岁的一个小男孩受到诱惑，用手机给游戏、直播平台充值了近千元钱，而父母却一直被蒙在鼓里。 这是多么令人惊诧的事！

手机的好处当然也很多，处于青春期的男孩自然也有权利享受科技带给我们的好处。 在使用手机时，要抵挡诱惑，健康上网。 和大人一起学会正确使用手机，而不是随波逐流利用手机消遣。 父母要时时刻刻地提醒和教育男孩要具备安全意识，拥有自控能力、判断能力和独立思考的能力，不被外界的诱惑控制，切断一切可以伤害自身的隐患。 告诉孩子：你已经是个大孩子了，你得学会为你自己的未来负责，你得学会克制自己，别让你的青春充满遗憾，别让你的青春毁在了手机上，理性看待手机，理性使用手机。 要教育和引导孩子把手机和网络当作学习交流的工具，而不仅仅是用来娱乐或玩耍的工具，利用手机的积极一面，克服其消极的一面。

如果发现孩子一时难以从手机中走出来，家长也不要过于着急。 可以从以下方面帮助孩子克服对手机的依赖：让孩子多从事有意义、自己感兴趣的户外活动；培养一些爱好和兴趣，学习自己感兴趣的东西；利用适当的方式释放压力或消除烦恼；多与父母或朋友交流，避免积累不良情绪，避免因现实压力和烦恼而转向以网络逃避烦恼。

与不同年龄段的男孩谈"性"

青春期的男孩容易出现各种问题，如过早谈恋爱，因冲动和无知犯错等。 对于男孩的性教育家长如果能早期进行，男孩就不会误入歧途。 可是家长们面对这些问题都不够坦诚。

男孩之间，经常会讨论类似的话题。 对异性同学身材的评价、对前卫杂志的欣赏，这些事情对于正常的青春期少年，有充分的诱惑力，他们充满好奇，想尽一切办法去弄明白，不管你愿不愿意正视它，它都是真真切切存在的。

作为父母要早些向男孩灌输"性"知识和观念，不要让他在探索的路上犯错。

总的来说，爸爸和儿子交流这种问题比较顺畅。 不要再把他当不懂事的孩子看待，对孩子的身体、心理健康要时常关心。 如果家长不断回避性的问题，事情只会越来越不可收拾。

方法一：父母要在孩子的不同年龄段进行不同的性教育

（1）5岁之前。 这是男孩认知自己性别的主要时期。 孩子出生以后，在起名字和穿着打扮、选择生活用品时都要避免给他买小女孩的用品，不要给日后孩子的性取向造成影响。

在孩子能听懂话的时候，父母要在孩子洗澡、穿衣打扮、发型修整还有玩具的选择上与女孩有明确的区别。利用电影、报纸、杂志、漫画、故事书等使他对生殖器官有一个正确的认识和理解。

（2）5~7岁。这时候的孩子对性别方面会特别好奇，问父母各种问题，家长要给孩子一个能接受和理解的简单答案，要满足孩子的好奇心。这个时候没有必要给孩子详细解释。

（3）7~14岁。在这段时间里，父母要对孩子进行系统的性知识辅导。这时爸爸要根据一些童话故事和自然现象，用比喻的手法来阐释性。对孩子进行性教育的时候，首先要进行道德教育，不要让孩子犯错误。

（4）14~18岁。这时期的男孩大多都有些性困惑。

男孩在睡梦中遗精，他认为自己病了，很害怕，不好意思跟家长说，也不知怎么办才好。有一天，母亲在打扫他的房间时，看到孩子在看一些不好的书，她才意识到该告诉男孩一些关于性方面的知识了。

若是等孩子问了，那就有点儿晚了。家长可以把身边或社会上发生的事跟孩子进行探讨，同时倾听孩子的看法和观点。

方法二：引导他正确和异性交往

对于异性的喜爱是人的正常现象，男孩正处在青春期，性意识逐渐强烈，对于异性产生爱慕是很自然的。而父母需要注意的是，不要将孩子与朋友的自然交往，比如一起学习、结伴游玩等当作是早恋。一看到孩子和异性在一起就会心神不宁、疑神疑鬼，父母便开始限制男孩的自由，如此一来，会对男孩的身心造成不小的伤害。

首先，父母要充分地相信自己的孩子，男女同学在正常情况下互相接触是应该的，不接触倒是很不正常。若孩子和某个女孩来往过于密切，家长要巧妙地加以引导，而不是猜忌。而且要让孩子知道，异性交往不要拘泥于一个小圈子，要认识更多的人，不然就会失去与同学、朋友交流和接触的机会。

（1）要让孩子端正心态，有一个健康的交往，不要过于注重性别。男孩和女孩进行异性交往是为了对彼此加深了解，提高人与人交往的能力，使自己开阔眼界，从而使心理得到健康发展。心里无邪念，交往起来就光明磊落。

（2）男孩的交往方式也很重要。上课积极发言、课间交流、课外活动等，都是他们与异性交流的平台。要培养男孩的集体精神，让性格内向的孩子也能大胆地和异性进行交流，消除自己面对异性时的羞涩和恐惧心理。善于交往的人，更可以在这个集体里如鱼得水。在集体生活中，每个人都有不同的性格特点，有聪慧善良的、幽默开朗的、豁达稳重的……男孩在集体生活中不仅仅学习了他人的优点，还开阔了眼界。

（3）要提醒孩子注意自己的言行举止。在与异性交往时，要保持距离，过于亲密难免会引起情绪波动。

用合理的眼光看待男孩的女朋友

有一位母亲向教育家讲述了她的困惑：

　　"我有个儿子才上初中，就喜欢上了他们学校的一个女孩。我去了解了这个女孩的情况，大概知道这个女孩家境不好，并且还是单亲家庭。这样的孩子，一般都有心理问题，可能也没有什么教养。即使长得好看，可是我儿子如果和这样的人来往，还是很不值得，您说是这样吗？"

　　专家没有说话，她接着说："我和那个女孩说，希望她可以懂得，并没有侮辱她的意思，我说我们家是做外贸的，就算不是什么大的企业但是公司还是有两个的。我儿子以后是要继承我们家的事业的，他以后的女朋友是要在资金上和阅历上都能给予他帮助的人。后来，那个女孩竟然添油加醋地在我儿子面前诋毁我，说我侮辱她，导致我和我儿子的关系彻底僵化了。儿子说，若是我不向他女朋友道歉，就不再认我这个妈了。"

听完这位母亲的话语，作为父母的都会同情她，都会说这个儿子太不孝顺了，为了女朋友竟然伤害母亲，让妈妈这样的伤心。但是若我们站在男孩的立场上想想呢，我们也会理解他的气愤。从中也会发现一些问题，那就是做父母的应该如何对待儿子的女朋友，怎样才能将父母的爱护和关心合理地告诉给男孩呢？

方法一：学会欣赏孩子的恋人

对于母亲的看法，有位专家曾经这样说过，我们应该学会欣赏孩子的恋人，他是这样向我们讲述的：

假如我们非常喜爱一件衣服，就会把它穿在身上，希望得到别人的赞美，希望别人说这件衣服真漂亮，你真有品位等话。明知道是敷衍，但听着心里会觉得很满足。为什么会有那么多的粉丝喜欢去别人的贴吧，一定要把自己喜欢的明星捧到排行榜第一呢，其实也是这样的道理。

一个男孩喜欢上了异性朋友，一定是因为他发现了她身上吸引他的地方。此时他很在乎别人的评价——家长的评价，尤其起着关键的作用。假如父母说"她穷，缺乏修养"，这是在否定孩子的眼光。就像有人说"你身上的这件衣服可真是不好看啊"或者是"你的妆怎么画得和熊猫一样"，你心里肯定不舒服。家长在孩子早恋的时候，其态度是最重要的，它决定着双方关系以后的走向。如果家长觉得早恋就是浪费时间、耽误学习、瞎胡闹的行为，没有兴趣去欣赏孩子的初恋对象，这样僵持下去，就会错失和孩子交流的最好时期，以后就更不好沟通了。

上述提到的母亲，不仅没有欣赏女孩，而且还想让女孩知难而退，尽管说话的语气和态度比较委婉，但是还是伤害了那个孩子敏感的心。就算女孩添油加醋地诋毁了她，那也是人之常情，怪只怪她太过于冲动了。孩子间的感情，本身是单纯的，他们肯定不会去想门当户对之类的"世俗"，这时候的爱情正是最纯洁、最没有任何杂质的时候！如果妈妈站出来说你们不般配什么的，那不是很煞风景，而且谁会在乎这些呢？

每当这个时候，做父母的一定要多去肯定男孩的眼光，用欣赏的眼光去看他心中的女孩。一旦得到父母的肯定，再用更加好的目标去转移孩子的这段恋情，就会收到非常不错的效果。有一个班主任就充分验证了这一说法。

当班里面最优秀的男孩喜欢上一个女孩的时候，为了让男孩更加专注地学习，他就和那个男孩交谈，并和他说："你喜欢的那个女孩，其实也有好多人喜欢呢！她确实是我们学校非常好的孩子，长得漂亮、脾气好，人缘还好。这样的女生，肯定值得一个男子汉站出来好好爱护。不但现在可以保护她，将来也要给她美好的未来，支持她去实现梦想，给她一个幸福的未来。你呢，同样是我们这里最优秀的学生，各方面都很优秀，你们看起来很般配。但是，你们的以后绝对不是在这个小小的市里成为优秀三好学生，你们可能成为科学家、外交官、商人等。如果你们现在把精力全都放在恋爱上，岂不是耽误了美好的前程。我明白，你肯定会说，现在你们能够保证学习，但是，你们的爱并不是只有你们彼此啊，你们的爸爸妈妈同样爱你们，你们怎么可以让父母担心呢？那是不是太自私了？古人云：两情若是长久时，又岂在朝朝暮暮。爱情是可以经得起时间的考验的。"

听完这些话后，男孩顿时安静了，没有说什么就离开了办公室。后来，男孩和女孩慢慢地疏远了，两个人不约而同地把心思都放在了学习上，成了优秀的学子。

父母为了孩子的未来，同样可以像这位班主任一样，冷静对待孩子的恋情。

方法二：提供爱情的标准需要男孩自己衡量

感情也是需要预演的，历史的经验告诉我们：包办婚姻一定需要双方做出巨大的牺牲，自由恋爱才能够让人找到自己想要的幸福。如今的年轻人，很少有人在感情上一次成功，经常是分分合合好多次才能找到真爱。实际上，在这个过程中，他们不断地在学习爱和被爱，懂得了责任和担当。

在恋爱中，男孩很在乎自己是不是女孩心中的白马王子。当孩子产生这样的困惑时，父母可以站在女孩的角度给孩子建议，让他们对自己满怀信心，父母应让男孩懂得，未来的女朋友或者妻子都希望知道自己的另一半是什么样的人。

（1）女孩要嫁给有梦想、有才华的人，相貌不是最重要的。一个没有知识的人，无论他长得多么帅，时间久了，你也会觉得他是个庸俗之人，油嘴滑舌，没有任何的本领，这样的感情不会长久。著名节目主持人杨澜，她没有嫁给什么明星，而是嫁给了一个有才华、有梦想的普通男人，他们的婚姻很美好。很多女孩都以这样的人为榜样，下定决心要嫁给一个有才华、有梦想的人。

（2）女孩喜欢的人身边要有良师益友。若一个人的身边都是一些不靠谱的人，这个人也一定不怎么样。大家看看民国时期大学者胡适、蔡元培等，他们都是同时期出来的，都是要好的朋友。所以，如果要看一个人，你只要看看这个人的朋友就知道了。

（3）女孩喜欢的人要有孝心。若一个人对自己的父母都不好，还能指望他对谁好？只要这几点都过关了，还担心对方父母不愿意？如果他是一个成功的男士，事业有成，那就是百分之百的事情了。

当男孩明白了这些后，就会知道自己将要成为什么样的人了，那么当他在选择恋人的时候也会充满自信。

树立男孩正确的金钱观

金钱观就是对金钱的根本态度和看法，金钱观和人生观密不可分。如果一个人存有错误的金钱观，那么他一生都将成为金钱的"奴隶"！

事例一：

今年刚满 10 岁的小川每天都把钱挂在嘴边，他好像觉得只要有钱什么都可以做到。

一天，小川按照妈妈的要求去打扫房间，打扫完后就迫不及待地朝妈妈跑去："妈妈，给我工钱。"妈妈愣了愣说："你是跟谁学的，帮家里干点活还要钱？"小川回答："我同学帮家里干活都有工钱的。"

妈妈说："你认为只要你帮别人做事情，别人就要付给你报酬，对吗？"小川点头表示同意。

妈妈说："那好，妈妈给你工钱，不过你也要给我开工钱啊。"

小川不解地问："为什么啊？"

妈妈说："你每天吃的饭是我做的，好吃的是我买的，衣服也是我给你洗的，这些都要付我工资啊。"

小川听了红着脸对妈妈说："妈妈，我错了，我有为妈妈做事的义务。那是不能要工钱的。"

妈妈觉得有必要教育一下儿子，就对他说："孩子，妈妈为你做的一切都是出于对你的爱，和金钱无关。"

小川对妈妈说："妈妈，那我为您做的事情也不应该和金钱有关系。"妈妈听了露出了笑容。

妈妈的教育使小川改变了"只要有钱一切都能办到"的想法，让小川对金钱有了正确的认识。

事例二：

小泽的家里经常有客人来。妈妈招待客人的标准也会根据客人送礼物的价值而定，假如客人拿了很贵重的东西来，小泽的家长就会把家里的水果都拿出来招待客人，还会请客人吃饭。假如客人只带了很简单的东西，那小泽的父母就只泡茶来招待他们。

父母从不吝惜奖励小泽。父母会在小泽取得好成绩的时候奖励他 200 元钱；小泽每次过生日都能得到 500 元钱。爸爸还和小泽说："除了钞票，一切都是假的。"只要生意赚了钱，妈妈就会给小泽买很多东西。

受到父母的影响，小泽对其他人都很吝啬。一天，小泽把父母的皮鞋擦得很亮，并向他们收取报酬，父母这才感觉到事情的严重性，为此很是担心。

一次，妈妈住院了，爸爸想让吃完饭的小泽帮忙洗碗，小泽立刻向爸爸要钱。听到小泽的话，爸爸生气地问："那我老了，让你给我倒杯水都要付你报酬啊？"小泽害怕地赶紧低下头，小声说："谁让你是我爸呢，给你打个五折。"爸爸听了这话很担心。

小泽变成了一个爱钱的孩子，没有正确的金钱观，长此以往，他会对亲人越来越疏远，也会越来越吝啬。

随着社会的进步，生活水平的不断提高，男孩与金钱打交道的机会很多，父母给的零花钱也随着生活质量的提高而变得多了。可是，对孩子来讲，能够正确地认识金钱比拥有它更重要。身为家长，培养男孩的金钱价值观一定要从小做起，要让孩子树立正确的金钱观。

金钱观是什么？简单来说，即如何认识金钱以及它的支配和支配方式。假如在孩子很小的时候家长便能够正确地教育孩子，那么在他们今后处理有关金钱的问题的时候便会有所帮助。

正确的金钱观是什么？是挥霍钱财？还是视钱如命？虽然金钱不是万能的，可是贫穷也会导致犯罪，父母要正确认识金钱观，才能教育好自己的孩子。

孩子受的最大的影响就是家庭给予的。举个例子，大多数孩子都是独生子女，家里非常宠爱这个孩子。孩子提的要求父母通常都会满足，父母觉得自己就这一个孩子，所以对孩子有求必应，没有注意到他们真正需要什么、适合什么。这也容易导致孩子产生错误的金钱观。

有这样一种观点，男孩有没有经济头脑是可以由父母引导养成的，父母可以从小培养孩子的理财观念。只有让男孩从小就树立正确的金钱观，他长大之后才会对金钱有正确的认识，这样才可以处理好自己和金钱的关系。

下面几点是男孩要清楚的。

方法一：金钱在生活中有着重要的作用

父母要教育孩子，钱不是大风刮来的，是要靠自己的劳动换来的。 这样男孩才会明白工作的重要性。 父母应该知道，现在的男孩是可以理解金钱的概念的，他们也应该知道社会是怎样运转的，只要家长通过他们能够接受的语言，直接传授给他们就行了。

方法二：知道金钱是要通过努力才能得来的

在不限制男孩对钱的使用的时候，应该让男孩知道父母的钱得来不易，知道金钱是要通过努力才能得来的。 花钱的时候要有节制，用钱用在刀刃上，不奢侈浪费。

方法三：要让孩子知道金钱不是万能的

让孩子明确地知道金钱的概念，最重要的是让孩子知道金钱不是万能的。 作为家长一定要想尽一切办法让男孩知道，有些东西是金钱买不到的，只有这样才能帮助男孩树立一个正确的金钱观，也才能让男孩有健康的人生观。

方法四：要靠自己的力量赚钱

父母赚来的血汗钱不是让男孩挥霍的，是让男孩用功读书、更好地生活的，男孩不能用父母的钱去炫耀。 男孩要明白长大后需要用自己的努力回报父母，用实力为自己的明天打出一片天地，让父母以后的生活有保障。

方法五：要了解必备的金融知识

很多父母觉得现在和孩子谈金钱的问题，孩子还不能理解。事实上这种想法是不正确的。现在社会中，与金钱接触是男孩的必经之路。每个家庭都面临着要如何培养男孩金钱观的问题。从小为男孩树立一个正确的金钱观是很重要的，要让孩子知道基本的金融知识，学习金融知识要从小做起，培养好习惯，这样以后才能更好地生活。

父母对金钱的态度会影响到孩子。父母对孩子的教育，对于男孩财富观念和金钱意识的形成具有重大影响。家长在教育孩子的问题上应该慎重，过分忽视金钱的作用是不对的，可是也不能太注重金钱。只有对孩子进行正确的教育，才能使男孩形成一个健康的财富观。

父母要让孩子明白：如果一个人只想着从别人身上得到好处，却不愿意为此付出，是不能被社会所接纳的。

男孩在遇到有关金钱问题的时候，总是很难抗拒金钱的诱惑，他们既不会理财也不会投资，挣钱也不会很容易。在有利益的时候，男孩不应该一味地贪图利益，应该知道适可而止，要随时保持清醒的头脑。

总而言之，男孩的父母应该懂得教会男孩正确对待金钱。假如贪心不足，那就会失去更多的东西。

让男孩学会对自己的行为负责

不管事情的结果是什么，都是孩子自己行为造成的，这时，家长就要告诉孩子要有责任心，作为男子汉要敢作敢当，不能让任何人替他承担。 同时，家长也不给孩子提供逃避的便利，使孩子丧失责任感。

小硕的妈妈在做饭的时候拿了几个鸡蛋和一些蔬菜进厨房，但是却忘记关冰箱的门了。小硕正高兴地看着电视吃着冰激凌，他是在妈妈开冰箱去拿蔬菜和鸡蛋的前面拿的冰激凌，所以不知道妈妈也从冰箱里拿了东西，而且还忘记了关冰箱的门。

妈妈做好饭后走到客厅，发现冰箱门没关，就对正在大吃着冰激凌的儿子喊道："小硕！你怎么这么粗心啊，拿了冰激凌也不知道把冰箱门关上！"

小硕这才意识到冰箱门一直都开着，但他记得自己在拿完冰激凌后关了门的，就对妈妈坦诚地说："我记得我关上了啊。"

妈妈认为儿子这是在狡辩，于是生气地说："别狡辩了，我明明看到它是开着的。"

小硕也不示弱，理直气壮地说："可是我真关了，是您拿完菜忘了关吧？"

妈妈这时也想起来自己拿了蔬菜，但想不出到底是谁忘了关门，所以还是一味地坚持说自己的儿子忘记关冰箱门。

小硕遭到了妈妈的误解，感觉自己的心里委屈，因为他确信自己是关了门的。妈妈看到小硕为这点小事争辩也十分生气，她在心里认定是儿子没有关冰箱门。

小硕看到妈妈把责任推给了自己，心里便嘀咕：妈妈凭什么让我负责任，她自己都把责任推给别人，以后我也这样，我也要把自己的过错推到妈妈身上。

妈妈为了保住面子，一再地推卸自己的过失，在这样一来二去的争辩中，小硕也学会了推卸责任。

男人就应该有责任，敢于担当。父母要在日常生活中锻炼自己的孩子，让他们从小就懂得只有通过自己的努力才会成功。父母的管教是男孩成长中非常重要的部分，也是他们爱孩子的表现之一，而放任孩子则是父母不负责任的表现。可是，在管教孩子的时候父母也要掌握方法，要让他们学会对自己负责，不要什么事都包办。

孩子只有先对自己负责任，才会对他身边的人、对社会负责。假如一个人连自己都管不住，又怎么能对身边的人负责任呢？这样的人是很可悲的，他得不到他人的信任，也得不到来自社会的认可。

父母都希望自己的孩子敢于承担责任，对自己所做的事情能够承担责任，父母也都愿意看到自己的孩子被这个社会所接纳。

父母要在培养男孩的责任心方面下很大的功夫，"责任存乎心，终生益无穷"是家长要谨记的。让男孩知道什么是责任，培养男孩的家庭责任心，尊重其他家庭成员，学会履行家庭义务。

方法一：靠自己的力量完成自己的事情

对男孩的最基本的一个要求就是生活要自理。什么事情都依靠别人帮忙，会使男孩变得懒惰。"自食其力"说的就是要孩子独立做事。怎么才能做到这一点呢？那父母就要把男孩看作一个独立的人，通过平等的对话，教会男孩为自己的行为负责。父母要清楚地让孩子知道，自己动手才能丰衣足食。

方法二：让孩子凭借自己的力量组织活动

增强孩子的组织活动能力对于不成熟的男孩来说是很困难的，可是父母要从小培养孩子这种能力。父母切忌为了减轻孩子的负担，过多地包揽他们的事情。要让男孩懂得自己的事自己做，而且要对自己做的事情负责。父母要每天提醒孩子并对孩子进行监督，这样男孩才能学会对自己负责。

◇ 青春啊青春 ◇

> 去自己屋子里休息一会吧！需不需要吃点东西？

> 小川，去打扫一下客厅的卫生。

> 妈妈，给我工钱。

> 那好，妈妈给你工钱，不过你也要给我开工钱啊。

▲ 一旦男孩进入青春期，就会用一些不良的行为表示自己是个成年人，如在同学聚会的时候彼此拼酒量，用此来表现自己的与众不同。

▲ 妈妈的教育使小孩子改变了认为只要有钱一切都能办到的想法，让孩子对金钱有了正确的认识。

> 真好！一屋不扫何以扫天下，自己的事情自己干！

▲ 男人就应该有责任，敢于担当。父母要在日常生活中锻炼自己的孩子，应该让男孩从小就懂得只有通过自己的努力才会成功的道理。

高情商家教思维

1. 作为家长，您自己的孩子能够正确认识自己吗？

   _____

   _____

   _____

2. 男孩的性启蒙，你们是如何做的？ 有没有接受专业的
   指导？

   _____

   _____

   _____

3. 在和异性交往方面，您和孩子都有哪些沟通？

   _____

   _____

   _____

4. 如果孩子早恋了，您该怎么办？

   _____

   _____

   _____

5. 男孩子该不该有自己的零花钱？ 在树立孩子正确的金钱观
   这件事情上，你们是如何做的？ 收效如何？

   _____

   _____

   _____